MÄRCHEN DER BRÜDER GRIMM

in zwei Bänden
Ausgewählt von Lore Segal und
Maurice Sendak
Mit Zeichnungen von
Maurice Sendak

Zweiter Band

Diogenes Verlag

Diese Ausgabe erscheint als
40. Werk im ›Club der Bibliomanen‹.
Der Text folgt wort- und buchstabengetreu
der letzten von Wilhelm Grimm besorgten Ausgabe
der ›Kinder- und Hausmärchen gesammelt durch die Brüder Grimm‹,
Siebente Auflage, Göttingen 1857.
Lediglich ›Allerlei-Rauh‹ ist dem ersten Band der Erstausgabe,
Berlin 1812, entnommen.
Die Zeichnungen von Maurice Sendak erschienen erstmals
in der amerikanischen Ausgabe ›The Juniper Tree and Other
Tales from Grimm‹, bei Farrar, Straus and Giroux, New York.
Alle Rechte an dieser Auswahl vorbehalten
Copyright © 1973 by Lore Segal and Maurice Sendak
Alle Rechte an den Zeichnungen vorbehalten
Copyright © 1973 by Maurice Sendak
Alle deutschen Rechte vorbehalten
Copyright © 1974 by Diogenes Verlag AG Zürich
40/75/AT-EI/2
ISBN 3 257 00453 2

Märchen

ERSTER BAND

Die drei Federn · 13

Hans mein Igel · 21

Mährchen von einem, der auszog das Fürchten zu lernen · 32

Brüderchen und Schwesterchen · 50

Spindel, Weberschiffchen und Nadel · 63

Die zwölf Jäger · 70

Fitchers Vogel · 77

Der Teufel mit den drei goldenen Haaren · 86

Von dem Fischer un syner Fru · 100

Der Meisterdieb · 116

Bruder Lustig · 132

Die Wichtelmänner · Drittes Märchen · 152

Hänsel und Grethel · 154

ZWEITER BAND

Der Froschkönig oder der eiserne Heinrich · *13*
Der arme Müllerbursch und das Kätzchen · *22*
Der Frieder und das Catherlieschen · *30*
Der goldene Vogel · *44*
Der Bärenhäuter · *60*
Der Gevatter Tod · *71*
Allerlei-Rauh · *79*
Rapunzel · *90*
Sneewittchen · *99*
Häsichenbraut · *117*
Die beiden Wanderer · *120*
Ferenand getrü un Ferenand ungetrü · *141*
Frau Trude · *152*
Von dem Machandelboom · *156*

Zeichnungen

ERSTER BAND

Auf einmal kam eine Menge von Wichtelmännerchen. ›Die Wichtel-
   männer‹, Drittes Märchen. *Frontispiz*
Sie gab ihm einen Ring, der glänzte von Edelsteinen. 17
Und der machte die Musik. 25
Aber die Gestalt gab keine Antwort. 37
Das dauerte eine Zeitlang, daß sie so allein in der Wildnis waren. 55
*Aber es blickte ihm nach so lange es noch die weißen Federn an seinem
   Hut erkennen konnte.* 67
›Laß nur einmal zwölf Spinnräder ins Vorzimmer bringen.‹ 73
›Du Fitchers Vogel, wo kommst du her?‹ 81
›Es sitzt eine Kröte unter einem Stein im Brunnen.‹ 95
›Mann, ik will warden as de lewe Gott.‹ 111
Da drückte der Graf eine Pistole auf ihn los. 125
Aber das Wasser wurde größer und stieg ihm an den Hals. 137
Ach, wie jammerte das arme Schwesterchen! 163

ZWEITER BAND

Do set Häsichen daß sine Braut nech es. ›Häsichenbraut‹. Frontispiz
Er kam gekrochen und sprach ›*ich bin müde, ich will schlafen so gut wie du*‹. 19
Eins zog ihm die Schuhe aus, eins die Strümpfe. 25
›*Nein, Catherlieschen, jetzt nicht, sie könnten uns verrathen.*‹ 39
Er wartete bis um Mitternacht, so wie der Fuchs gesagt hatte. 51
Der Teufel mochte wollen oder nicht, er mußte Wasser holen, den Bärenhäuter abzuwaschen. 67
Der Tod sagte ›*siehst du, da ist es*‹. 75
Da riß der König den Rauchmantel ab, da kamen die goldenen Haare heraus geflossen. 87
›*Ach du gottloses Kind, was muß ich von dir hören!*‹ 95
Das liebe Kind war todt und blieb todt. 111
Dahin leitete der Schuster den blinden Schneider, ließ ihn dann liegen und gieng seiner Wege. 129
Die Riesen wurden willig und trugen die Prinzessin in ihrem Bett. 147
Da verwandelte sie das Mädchen in einen Holzblock. 153
Un uut dem Führ dar flöög so'n schönen Vagel heruut. 161

Märchen der Brüder Grimm

Der Froschkönig oder der eiserne Heinrich

In den alten Zeiten, wo das Wünschen noch geholfen hat, lebte ein König, dessen Töchter waren alle schön, aber die jüngste war so schön, daß die Sonne selber, die doch so vieles gesehen hat, sich verwunderte so oft sie ihr ins Gesicht schien. Nahe bei dem Schlosse des Königs lag ein großer dunkler Wald, und in dem Walde unter einer alten Linde war ein Brunnen: wenn nun der Tag recht heiß war, so ging das Königskind hinaus in den Wald und setzte sich an den Rand des kühlen Brunnens: und wenn sie Langeweile hatte, so nahm sie eine goldene Kugel, warf sie in die Höhe und fieng sie wieder; und das war ihr liebstes Spielwerk.

Nun trug es sich einmal zu, daß die goldene Kugel der Königstochter nicht in ihr Händchen fiel, das sie in die Höhe gehalten hatte, sondern vorbei auf die Erde schlug und geradezu ins Wasser hinein rollte. Die Königstochter folgte ihr mit den Augen nach, aber die Kugel verschwand, und der Brunnen war tief, so tief daß man keinen Grund sah. Da fieng sie an zu weinen und weinte immer lauter und konnte sich gar nicht trösten. Und wie sie so klagte, rief ihr jemand zu ›was hast du vor, Königstochter, du schreist ja daß sich ein Stein erbarmen möchte.‹ Sie sah sich um, woher die Stimme käme, da erblickte sie einen Frosch, der seinen dicken häßlichen Kopf aus dem Wasser streckte. ›Ach, du bists, alter Wasserpatscher,‹ sagte sie, ›ich weine über meine goldene Kugel, die mir in den Brunnen hinab gefallen ist.‹ ›Sei still und weine nicht,‹ antwortete der Frosch, ›ich kann wohl Rath schaffen, aber was gibst du mir, wenn ich dein Spielwerk wieder heraufhole?‹ ›Was du haben willst, lieber Frosch,‹ sagte sie, ›meine Kleider, meine Perlen und Edelsteine, auch noch die goldene Krone, die ich trage.‹ Der Frosch antwortete ›deine Kleider, deine Perlen und Edelsteine, und deine goldene Krone, die mag ich nicht: aber wenn du mich lieb haben willst, und ich soll dein Geselle und Spielkamerad sein, an deinem Tischlein neben dir sitzen, von deinem goldenen Tellerlein essen, aus deinem Becherlein trinken, in deinem Bettlein schlafen: wenn du mir das versprichst, so will ich hinunter steigen und dir die goldene

Der Froschkönig oder der eiserne Heinrich

Kugel wieder herauf holen.‹ ›Ach ja,‹ sagte sie, ›ich verspreche dir alles, was du willst, wenn du mir nur die Kugel wieder bringst.‹ Sie dachte aber ›was der einfältige Frosch schwätzt, der sitzt im Wasser bei seines Gleichen und quackt, und kann keines Menschen Geselle sein.‹

Der Frosch, als er die Zusage erhalten hatte, tauchte seinen Kopf unter, sank hinab und über ein Weilchen kam er wieder herauf gerudert, hatte die Kugel im Maul und warf sie ins Gras. Die Königstochter war voll Freude, als sie ihr schönes Spielwerk wieder erblickte, hob es auf und sprang damit fort. ›Warte, warte,‹ rief der Frosch, ›nimm mich mit, ich kann nicht so laufen wie du.‹ Aber was half ihm daß er ihr sein quack quack so laut nachschrie als er konnte! sie hörte nicht darauf, eilte nach Haus und hatte bald den armen Frosch vergessen, der wieder in seinen Brunnen hinab steigen mußte.

Am andern Tage, als sie mit dem König und allen Hofleuten sich zur Tafel gesetzt hatte und von ihrem goldenen Tellerlein aß, da kam, plitsch platsch, plitsch platsch, etwas die Marmortreppe herauf gekrochen, und als es oben angelangt war, klopfte es an der Thür und rief ›Königstochter, jüngste, mach mir auf.‹ Sie lief und wollte sehen wer draußen wäre, als sie aber aufmachte, so saß der Frosch davor. Da warf sie die Thür hastig zu, setzte sich wieder an den Tisch, und war ihr ganz angst. Der König sah wohl daß ihr das Herz gewaltig klopfte und sprach ›mein Kind, was fürchtest du dich, steht etwa ein Riese vor der Thür und will dich holen?‹ ›Ach nein,‹ antwortete sie, ›es ist kein Riese, sondern ein garstiger Frosch.‹ ›Was will der Frosch von dir?‹ ›Ach lieber Vater, als ich gestern im Wald bei dem Brunnen saß und spielte, da fiel meine goldene Kugel ins Wasser. Und weil ich so weinte, hat sie der Frosch wieder heraufgeholt, und weil er es durchaus verlangte, so versprach ich ihm er sollte mein Geselle werden, ich dachte aber nimmermehr daß er aus seinem Wasser heraus könnte. Nun ist er draußen und will zu mir herein.‹ Indem klopfte es zum zweitenmal und rief

>Königstochter, jüngste,
mach mir auf,
weißt du nicht was gestern
du zu mir gesagt
bei dem kühlen Brunnenwasser?
Königstochter, jüngste,
mach mir auf.‹

Der Froschkönig oder der eiserne Heinrich

Da sagte der König ›was du versprochen hast, das mußt du auch halten; geh nur und mach ihm auf.‹ Sie gieng und öffnete die Thüre, da hüpfte der Frosch herein, ihr immer auf dem Fuße nach, bis zu ihrem Stuhl. Da saß er und rief ›heb mich herauf zu dir.‹ Sie zauderte bis es endlich der König befahl. Als der Frosch erst auf dem Stuhl war, wollte er auf den Tisch, und als er da saß, sprach er ›nun schieb mir dein goldenes Tellerlein näher, damit wir zusammen essen.‹ Das that sie zwar, aber man sah wohl daß sies nicht gerne that. Der Frosch ließ sichs gut schmecken, aber ihr blieb fast jedes Bißlein im Halse. Endlich sprach er ›ich habe mich satt gegessen, und bin müde, nun trag mich in dein Kämmerlein und mach dein seiden Bettlein zurecht, da wollen wir uns schlafen legen.‹ Die Königstochter fieng an zu weinen und fürchtete sich vor dem kalten Frosch, den sie nicht anzurühren getraute, und der nun in ihrem schönen reinen Bettlein schlafen sollte. Der König aber ward zornig und sprach ›wer dir geholfen hat, als du in der Noth warst, den sollst du hernach nicht verachten.‹ Da packte sie ihn mit zwei Fingern, trug ihn hinauf und setzte ihn in eine Ecke. Als sie aber im Bett lag, kam er gekrochen und sprach ›ich bin müde, ich will schlafen so gut wie du: heb mich herauf, oder ich sags deinem Vater.‹ Da ward sie erst bitterböse, holte ihn herauf und warf ihn aus allen Kräften wider die Wand, ›nun wirst du Ruhe haben, du garstiger Frosch.‹

Als er aber herab fiel, war er kein Frosch, sondern ein Königssohn mit schönen und freundlichen Augen. Der war nun nach ihres Vaters Willen ihr lieber Geselle und Gemahl. Da erzählte er ihr, er wäre von einer bösen Hexe verwünscht worden, und Niemand hätte ihn aus dem Brunnen erlösen können als sie allein, und morgen wollten sie zusammen in sein Reich gehen. Dann schliefen sie ein, und am andern Morgen, als die Sonne sie aufweckte, kam ein Wagen heran gefahren mit acht weißen Pferden bespannt, die hatten weiße Straußfedern auf dem Kopf, und giengen in goldenen Ketten, und hinten stand der Diener des jungen Königs, das war der treue Heinrich. Der treue Heinrich hatte sich so betrübt, als sein Herr war in einen Frosch verwandelt worden, daß er drei eiserne Bande hatte um sein Herz legen lassen, damit es ihm nicht vor Weh und Traurigkeit zerspränge. Der Wagen aber sollte den jungen König in sein Reich abholen; der treue Heinrich hob beide hinein, stellte sich wieder hinten auf und war voller Freude über die Erlösung. Und als sie ein Stück Wegs gefahren waren, hörte

Der Froschkönig oder der eiserne Heinrich

der Königssohn daß es hinter ihm krachte, als wäre etwas zerbrochen. Da drehte er sich um und rief

>Heinrich, der Wagen bricht.‹
›Nein, Herr, der Wagen nicht,
es ist ein Band von meinem Herzen,
das da lag in großen Schmerzen,
als ihr in dem Brunnen saßt,
als ihr eine Fretsche (Frosch) wast (wart).‹

Noch einmal und noch einmal krachte es auf dem Weg, und der Königssohn meinte immer der Wagen bräche, und es waren doch nur die Bande, die vom Herzen des treuen Heinrich absprangen, weil sein Herr erlöst und glücklich war.

Der arme Müllerbursch
und das Kätzchen

In einer Mühle lebte ein alter Müller, der hatte weder Frau noch Kinder, und drei Müllerburschen dienten bei ihm. Wie sie nun etliche Jahre bei ihm gewesen waren, sagte er eines Tags zu ihnen ›ich bin alt, und will mich hinter den Ofen setzen: zieht aus, und wer mir das beste Pferd nach Haus bringt, dem will ich die Mühle geben, und er soll mich dafür bis an meinen Tod verpflegen.‹ Der dritte von den Burschen war aber der Kleinknecht, der ward von den andern für albern gehalten, dem gönnten sie die Mühle nicht; und er wollte sie hernach nicht einmal. Da zogen alle drei mit einander aus, und wie sie vor das Dorf kamen, sagten die zwei zu dem albernen Hans ›du kannst nur hier bleiben, du kriegst dein Lebtag keinen Gaul.‹ Hans aber gieng doch mit, und als es Nacht war, kamen sie an eine Höhle, da hinein legten sie sich schlafen. Die zwei Klugen warteten bis Hans

Der arme Müllerbursch und das Kätzchen

eingeschlafen war, dann stiegen sie auf, machten sich fort und ließen Hänschen liegen, und meintens recht fein gemacht zu haben; ja, es wird euch doch nicht gut gehen! Wie nun die Sonne kam, und Hans aufwachte, lag er in einer tiefen Höhle: er guckte sich überall um und rief ›ach Gott, wo bin ich!‹ Da erhob er sich und krappelte die Höhle hinauf, gieng in den Wald und dachte ›ich bin hier ganz allein und verlassen, wie soll ich nun zu einem Pferd kommen!‹ Indem er so in Gedanken dahin gieng, begegnete ihm ein kleines buntes Kätzchen, das sprach ganz freundlich ›Hans, wo willst du hin!‹ ›Ach, du kannst mir doch nicht helfen.‹ ›Was dein Begehren ist, weiß ich wohl,‹ sprach das Kätzchen, ›du willst einen hübschen Gaul haben. Komm mit mir und sei sieben Jahre lang mein treuer Knecht, so will ich dir einen geben, schöner als du dein Lebtag einen gesehen hast.‹ ›Nun das ist eine wunderliche Katze,‹ dachte Hans, ›aber sehen will ich doch ob das wahr ist was sie sagt.‹ Da nahm sie ihn mit in ihr verwünschtes Schlößchen und hatte da lauter Kätzchen, die ihr dienten: die sprangen flink die Treppe auf und ab, waren lustig und guter Dinge. Abends, als sie sich zu Tisch setzten, mußten drei Musik machen: eins strich den Baß, das andere die Geige, das dritte setzte die Trompete an und blies die Backen auf so sehr es nur konnte. Als sie gegessen hatten, wurde der Tisch weggetragen, und die Katze sagte ›nun komm, Hans, und tanze mit mir.‹ ›Nein,‹ antwortete er, ›mit einer Miezekatze tanze ich nicht, das habe ich noch niemals gethan.‹ ›So bringt ihn ins Bett‹, sagte sie zu den Kätzchen. Da leuchtete ihm eins in seine Schlafkammer, eins zog ihm die Schuhe aus, eins die Strümpfe und zuletzt blies eins das Licht aus. Am andern Morgen kamen sie wieder und halfen ihm aus dem Bett: eins zog ihm die Strümpfe an, eins band ihm die Strumpfbänder, eins holte die Schuhe, eins wusch ihn und eins trocknete ihm mit dem Schwanz das Gesicht ab. ›Das thut recht sanft‹ sagte Hans. Er mußte aber auch der Katze dienen und alle Tage Holz klein machen; dazu kriegte er eine Axt von Silber, und die Keile und Säge von Silber, und der Schläger war von Kupfer. Nun, da machte ers klein, blieb da im Haus, hatte sein gutes Essen und Trinken, sah aber niemand als die bunte Katze und ihr Gesinde. Einmal sagte sie zu ihm ›geh hin und mähe meine Wiese, und mache das Gras trocken,‹ und gab ihm von Silber eine Sense und von Gold einen Wetzstein, hieß ihn aber auch alles wieder richtig abzuliefern. Da gieng Hans hin und that was ihm geheißen war; nach vollbrachter

Der arme Müllerbursch und das Kätzchen

Arbeit trug er Sense, Wetzstein und Heu nach Haus, und fragte ob sie ihm noch nicht seinen Lohn geben wollte. ›Nein,‹ sagte die Katze, ›du sollst mir erst noch einerlei thun, da ist Bauholz von Silber, Zimmeraxt, Winkeleisen und was nöthig ist, alles von Silber, daraus baue mir erst ein kleines Häuschen.‹ Da baute Hans das Häuschen fertig und sagte er hätte nun alles gethan, und hätte noch kein Pferd. Doch waren ihm die sieben Jahre herumgegangen wie ein halbes. Fragte die Katze ob er ihre Pferde sehen wollte? ›Ja‹ sagte Hans. Da machte sie ihm das Häuschen auf, und weil sie die Thüre so aufmacht, da stehen zwölf Pferde, ach, die waren gewesen ganz stolz, die hatten geblänkt und gespiegelt, daß sich sein Herz im Leibe darüber freute. Nun gab sie ihm zu essen und zu trinken und sprach ›geh heim, dein Pferd geb ich dir nicht mit: in drei Tagen aber komm ich und bringe dirs nach.‹ Also machte Hans sich auf, und sie zeigte ihm den Weg zur Mühle. Sie hatte ihm aber nicht einmal ein neues Kleid gegeben, sondern er mußte sein altes lumpiges Kittelchen behalten, das er mitgebracht hatte, und das ihm in den sieben Jahren überall zu kurz geworden war. Wie er nun heim kam, so waren die beiden andern Müllerburschen auch wieder da: jeder hatte zwar sein Pferd mitgebracht, aber des einen seins war blind, des andern seins lahm. Sie fragten ›Hans, wo hast du dein Pferd?‹ ›In drei Tagen wirds nachkommen.‹ Da lachten sie und sagten ›ja du Hans, wo willst du ein Pferd herkriegen, das wird was rechtes sein!‹ Hans gieng in die Stube, der Müller sagte aber er sollte nicht an den Tisch kommen, er wäre so zerrissen und zerlumpt, man müßte sich schämen, wenn jemand herein käme. Da gaben sie ihm ein bischen Essen hinaus, und wie sie Abends schlafen giengen, wollten ihm die zwei andern kein Bett geben, und er mußte endlich ins Gänseställchen kriechen und sich auf ein wenig hartes Stroh legen. Am Morgen, wie er aufwacht, sind schon die drei Tage herum, und es kommt eine Kutsche mit sechs Pferden, ei, die glänzten, daß es schön war, und ein Bedienter, der brachte noch ein siebentes, das war für den armen Müllerbursch. Aus der Kutsche aber stieg eine prächtige Königstochter und gieng in die Mühle hinein, und die Königstochter war das kleine bunte Kätzchen, dem der arme Hans sieben Jahr gedient hatte. Sie fragte den Müller wo der Mahlbursch, der Kleinknecht wäre? Da sagte der Müller ›den können wir nicht in die Mühle nehmen, der ist so verrissen und liegt im Gänsestall.‹ Da sagte die Königstochter sie sollten ihn gleich holen. Also

Der arme Müllerbursch und das Kätzchen

holten sie ihn heraus, und er mußte sein Kittelchen zusammenpacken, um sich zu bedecken. Da schnallte der Bediente prächtige Kleider aus, und mußte ihn waschen und anziehen, und wie er fertig war, konnte kein König schöner aussehen. Danach verlangte die Jungfrau die Pferde zu sehen, welche die andern Mahlburschen mitgebracht hatten, eins war blind, das andere lahm. Da ließ sie den Bedienten das siebente Pferd bringen: wie der Müller das sah, sprach er so eins wär ihm noch nicht auf den Hof gekommen; ›und das ist für den dritten Mahlbursch‹ sagte sie. ›Da muß er die Mühle haben‹ sagte der Müller, die Königstochter aber sprach da wäre das Pferd, er sollte seine Mühle auch behalten: und nimmt ihren treuen Hans und setzt ihn in die Kutsche und fährt mit ihm fort. Sie fahren zuerst nach dem kleinen Häuschen, das er mit dem silbernen Werkzeug gebaut hat, da ist es ein großes Schloß, und ist alles darin von Silber und Gold; und da hat sie ihn geheirathet, und war er reich, so reich, daß er für sein Lebtag genug hatte. Darum soll keiner sagen daß wer albern ist deshalb nichts rechtes werden könne.

Der Frieder und das Catherlieschen

Es war ein Mann, der hieß Frieder, und eine Frau, die hieß Catherlieschen, die hatten einander geheirathet und lebten zusammen als junge Eheleute. Eines Tages sprach der Frieder ›ich will jetzt zu Acker, Catherlieschen, wann ich wiederkomme, muß etwas Gebratenes auf dem Tisch stehen für den Hunger, und ein frischer Trunk dabei für den Durst.‹ ›Geh nur, Friederchen,‹ antwortete die Catherlies, ›geh nur, will dirs schon recht machen.‹ Als nun die Essenszeit herbeirückte, holte sie eine Wurst aus dem Schornstein, that sie in eine Bratpfanne, legte Butter dazu und stellte sie übers Feuer. Die Wurst fieng an zu braten und zu brutzeln, Catherlieschen stand dabei, hielt den Pfannenstiel und hatte so seine Gedanken: da fiel ihm ein ›bis die Wurst fertig wird, derweil könntest du ja im Keller den Trunk zapfen.‹ Also stellte es den Pfannenstiel fest, nahm eine Kanne, gieng

Der Frieder und das Catherlieschen

hinab in den Keller und zapfte Bier. Das Bier lief in die Kanne, und Catherlieschen sah ihm zu, da fiel ihm ein ›holla, der Hund oben ist nicht beigethan, der könnte die Wurst aus der Pfanne holen, du kämst mir recht!‹ und im Hui war es die Kellertreppe hinauf; aber der Spitz hatte die Wurst schon im Maul und schleifte sie auf der Erde mit sich fort. Doch Catherlieschen, nicht faul, setzte ihm nach und jagte ihn ein gut Stück ins Feld; aber der Hund war geschwinder als Catherlieschen, ließ auch die Wurst nicht fahren sondern über die Äcker hin hüpfen. ›Hin ist hin!‹ sprach Catherlieschen, kehrte um, und weil es sich müde gelaufen hatte, gieng es hübsch langsam und kühlte sich ab. Während der Zeit lief das Bier aus dem Faß immer zu, denn Catherlieschen hatte den Hahn nicht umgedreht, und als die Kanne voll und sonst kein Platz da war, so lief es in den Keller und hörte nicht eher auf, als bis das ganze Faß leer war. Catherlieschen sah schon auf der Treppe das Unglück. ›Spuk,‹ rief es, ›was fängst du jetzt an, daß es der Frieder nicht merkt!‹ Es besann sich ein Weilchen, endlich fiel ihm ein von der letzten Kirmes stände noch ein Sack mit schönem Waitzenmehl auf dem Boden, das wollte es herabholen und in das Bier streuen. ›Ja,‹ sprach es, ›wer zu rechter Zeit was spart, der hats hernach in der Noth,‹ stieg auf den Boden, trug den Sack herab und warf ihn gerade auf die Kanne voll Bier, daß sie umstürzte und der Trunk des Frieders auch im Keller schwamm. ›Es ist ganz recht,‹ sprach Catherlieschen, ›wo eins ist, muß das andere auch sein‹ und zerstreute das Mehl im ganzen Keller. Als es fertig war, freute es sich gewaltig über seine Arbeit und sagte ›wies so reinlich und sauber hier aussieht!‹

Um Mittagszeit kam der Frieder heim. ›Nun, Frau, was hast du mir zurecht gemacht?‹ ›Ach, Friederchen,‹ antwortete sie, ›ich wollte dir ja eine Wurst braten, aber während ich das Bier dazu zapfte, hat sie der Hund aus der Pfanne weggeholt, und während ich dem Hund nachsprang, ist das Bier ausgelaufen, und als ich das Bier mit dem Waizenmehl auftrocknen wollte, hab ich die Kanne auch noch umgestoßen; aber sei nur zufrieden, der Keller ist wieder ganz trocken.‹ Sprach der Frieder ›Catherlieschen, Catherlieschen, das hättest du nicht thun müssen! läßt die Wurst wegholen und das Bier aus dem Faß laufen, und verschüttest obendrein unser feines Mehl!‹ ›Ja, Friederchen, das habe ich nicht gewußt, hättest mirs sagen müssen.‹

Der Mann dachte ›geht das so mit deiner Frau, so mußt

Der Frieder und das Catherlieschen

du dich besser vorsehen.‹ Nun hatte er eine hübsche Summe Thaler zusammen gebracht, die wechselte er in Gold ein und sprach zum Catherlieschen ›siehst du, das sind gelbe Gickelinge, die will ich in einen Topf thun und im Stall unter der Kuhkrippe vergraben: aber daß du mir ja davon bleibst, sonst geht dirs schlimm.‹ Sprach sie ›nein, Friederchen, wills gewiß nicht thun.‹ Nun, als der Frieder fort war, da kamen Krämer, die irdne Näpfe und Töpfe feil hatten, ins Dorf und fragten bei der jungen Frau an ob sie nichts zu handeln hätte. ›O, ihr lieben Leute,‹ sprach Catherlieschen, ›ich hab kein Geld und kann nichts kaufen; aber könnt ihr gelbe Gickelinge brauchen, so will ich wohl kaufen.‹ ›Gelbe Gickelinge, warum nicht? laßt sie einmal sehen.‹ ›So geht in den Stall und grabt unter der Kuhkrippe, so werdet ihr die gelben Gickelinge finden, ich darf nicht dabei gehen.‹ Die Spitzbuben giengen hin, gruben und fanden eitel Gold. Da packten sie auf damit, liefen fort und ließen Töpfe und Näpfe im Hause stehen. Catherlieschen meinte sie müßte das neue Geschirr auch brauchen: weil nun in der Küche ohnehin kein Mangel daran war, schlug sie jedem Topf den Boden aus und steckte sie insgesammt zum Zierrath auf die Zaunpfähle rings ums Haus herum. Wie der Frieder kam, und den neuen Zierrath sah, sprach er ›Catherlieschen, was hast du gemacht?‹ ›Habs gekauft, Friederchen, für die gelben Gickelinge, die unter der Kuhkrippe steckten: bin selber nicht dabei gegangen, die Krämer haben sichs heraus graben müssen.‹ ›Ach, Frau,‹ sprach der Frieder, ›was hast du gemacht! das waren keine Gickelinge, es war eitel Gold und war all unser Vermögen; das hättest du nicht thun sollen.‹ ›Ja, Friederchen,‹ antwortete sie, ›das hab ich nicht gewußt, hättest mirs vorher sagen sollen.‹

Catherlieschen stand ein Weilchen und besann sich, da sprach sie ›hör, Friederchen, das Gold wollen wir schon wieder kriegen, wollen hinter den Dieben herlaufen.‹ ›So komm,‹ sprach der Frieder, ›wir wollens versuchen; nimm aber Butter und Käse mit, daß wir auf dem Weg was zu essen haben.‹ ›Ja, Friederchen, wills mitnehmen.‹ Sie machten sich fort, und weil der Frieder besser zu Fuß war, gieng Catherlieschen hinten nach. ›Ist mein Vortheil‹ dachte es, ›wenn wir umkehren, hab ich ja ein Stück voraus.‹ Nun kam es an einen Berg, wo auf beiden Seiten des Wegs tiefe Fahrgleisen waren. ›Da sehe einer,‹ sprach Catherlieschen, ›was sie das arme Erdreich zerrissen, geschunden und gedrückt haben! das wird sein Lebtag nicht wieder heil.‹ Und aus

Der Frieder und das Catherlieschen

mitleidigem Herzen nahm es seine Butter und bestrich die Gleisen, rechts und links, damit sie von den Rädern nicht so gedrückt würden: und wie es sich bei seiner Barmherzigkeit so bückte, rollte ihm ein Käse aus der Tasche den Berg hinab. Sprach das Catherlieschen ›ich habe den Weg schon einmal herauf gemacht, ich gehe nicht wieder hinab, es mag ein anderer hinlaufen und ihn wieder holen.‹ Also nahm es einen andern Käs und rollte ihn hinab. Die Käse aber kamen nicht wieder, da ließ es noch einen dritten hinablaufen und dachte ›vielleicht warten sie auf Gesellschaft und gehen nicht gern allein.‹ Als sie alle drei ausblieben, sprach es ›ich weiß nicht was das vorstellen soll! doch kanns ja sein, der dritte hat den Weg nicht gefunden, und sich verirrt, ich will nur den vierten schicken, daß er sie herbei ruft.‹ Der vierte machte es aber nicht besser als der dritte. Da ward das Catherlieschen ärgerlich und warf noch den fünften und sechsten hinab, und das waren die letzten. Eine Zeit lang blieb es stehen und lauerte daß sie kämen, als sie aber immer nicht kamen, sprach es ›o, ihr seid gut nach dem Tod schicken, ihr bleibt fein lange aus; meint ihr ich wollt noch länger auf euch warten? ich gehe meiner Wege, ihr könnt mir nachlaufen, ihr habt jüngere Beine als ich.‹ Catherlieschen gieng fort und fand den Frieder, der war stehen geblieben, und hatte gewartet, weil er gerne was essen wollte. ›Nun, gib einmal her, was du mitgenommen hast.‹ Sie reichte ihm das trockne Brot. ›Wo ist Butter und Käse?‹ fragte der Mann. ›Ach Friederchen,‹ sagte Catherlieschen, ›mit der Butter hab ich die Fahrgleisen geschmiert, und die Käse werden bald kommen; einer lief mir fort, da hab ich die andern nachgeschickt, sie sollten ihn rufen.‹ Sprach der Frieder ›das hättest du nicht thun sollen, Catherlieschen, die Butter an den Weg schmieren und die Käse den Berg hinab rollen.‹ ›Ja, Friederchen, hättest mirs sagen müssen.‹

Da aßen sie das trockne Brot zusammen, und der Frieder sagte ›Catherlieschen, hast du auch unser Haus verwahrt, wie du fort gegangen bist?‹ ›Nein, Friederchen, hättest mirs vorher sagen sollen.‹ ›So geh wieder heim und bewahr erst das Haus, ehe wir weiter gehen; bring auch etwas anderes zu essen mit, ich will hier auf dich warten.‹ Catherlieschen gieng zurück und dachte ›Friederchen will etwas anderes zu essen, Butter und Käse schmeckt ihm wohl nicht, so will ich ein Tuch voll Hutzeln und einen Krug Essig zum Trunk mitnehmen.‹ Danach riegelte es die Oberthüre zu, aber die Unterthüre hob es aus, nahm sie auf die Schulter und glaubte

Der Frieder und das Catherlieschen

wenn es die Thüre in Sicherheit gebracht hätte, müßte das Haus wohl bewahrt sein. Catherlieschen nahm sich Zeit zum Weg und dachte, ›desto länger ruht sich Friederchen aus.‹ Als es ihn wieder erreicht hatte, sprach es ›da, Friederchen, hast du die Hausthüre, da kannst du das Haus selber verwahren.‹ ›Ach, Gott,‹ sprach er, ›was hab ich für eine kluge Frau! hebt die Thüre unten aus, daß alles hinein laufen kann, und riegelt sie oben zu. Jetzt ists zu spät noch einmal nach Haus zu gehen, aber hast du Thüre hierher gebracht, so sollst du sie auch ferner tragen.‹ ›Die Thüre will ich tragen, Friederchen, aber die Hutzeln und der Essigkrug werden mir zu schwer: ich hänge sie an die Thüre, die mag sie tragen.‹

Nun giengen sie in den Wald und suchten die Spitzbuben, aber sie fanden sie nicht. Weils endlich dunkel ward, stiegen sie auf einen Baum und wollten da übernachten. Kaum aber saßen sie oben, so kamen die Kerle daher, die forttragen was nicht mitgehen will, und die Dinge finden, ehe sie verloren sind. Sie ließen sich gerade unter dem Baum nieder, auf dem Frieder und Catherlieschen saßen, machten sie ein Feuer an und wollten ihre Beute theilen. Der Frieder stieg von der andern Seite herab und sammelte Steine, stieg damit wieder hinauf und wollte die Diebe todt werfen. Die Steine aber trafen nicht, und die Spitzbuben riefen ›es ist bald Morgen, der Wind schüttelt die Tannäpfel herunter.‹ Catherlieschen hatte die Thüre noch immer auf der Schulter, und weil sie so schwer drückte, dachte es die Hutzeln wären schuld und sprach ›Friederchen, ich muß die Hutzeln hinabwerfen.‹ ›Nein, Catherlieschen, jetzt nicht,‹ antwortete er, ›sie könnten uns verrathen.‹ ›Ach, Friederchen, ich muß, sie drücken mich gar zu sehr.‹ ›Nun so thus, ins Henkers Namen!‹ Da rollten die Hutzeln zwischen den Ästen herab, und die Kerle unten sprachen ›die Vögel misten.‹ Eine Weile danach, weil die Thüre noch immer drückte, sprach Catherlieschen, ›ach, Friederchen, ich muß den Essig ausschütten.‹ ›Nein, Catherlieschen, das darfst du nicht, es könnte uns verrathen.‹ ›Ach, Friederchen, ich muß, er drückt mich gar zu sehr.‹ ›Nun so thus ins Henkers Namen!‹ Da schüttete es den Essig aus, daß er die Kerle bespritzte. Sie sprachen unter einander ›der Thau tropfelt schon herunter.‹ Endlich dachte Catherlieschen ›sollte es wohl die Thüre sein, was mich so drückt?‹ und sprach ›Friederchen, ich muß die Thüre hinabwerfen.‹ ›Nein Catherlieschen, jetzt nicht, sie könnte uns verrathen.‹ ›Ach, Friederchen, ich muß, sie

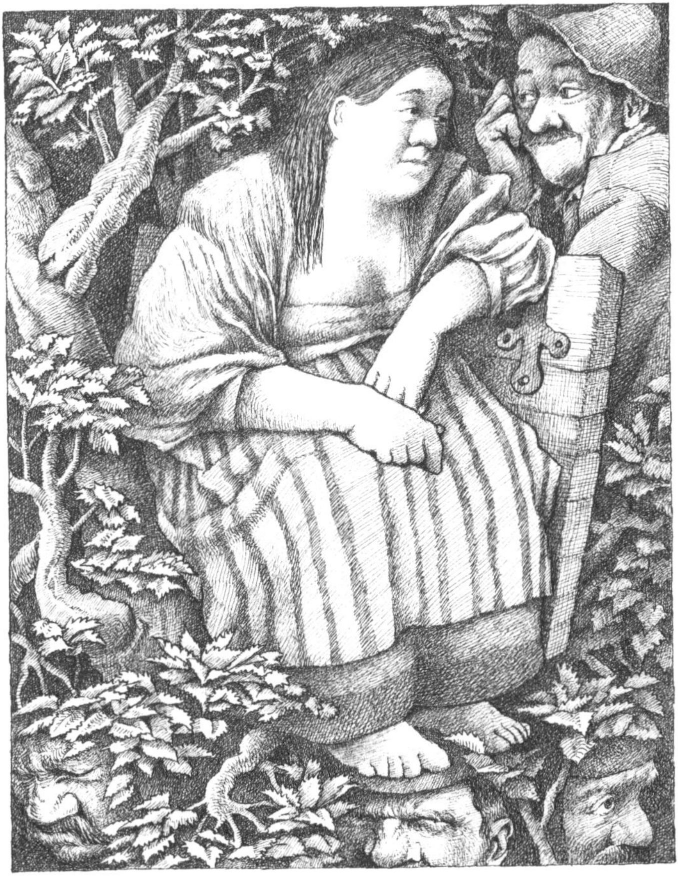

Der Frieder und das Catherlieschen

drückt mich gar zu sehr.‹ ›Nein Catherlieschen, halt sie ja fest.‹ ›Ach, Friederchen, ich laß sie fallen.‹ ›Ei,‹ antwortete Frieder ärgerlich, ›so laß sie fallen ins Teufels Namen!‹ Da fiel sie herunter mit starkem Gepolter, und die Kerle unten riefen ›der Teufel kommt vom Baum herab,‹ rissen aus und ließen alles im Stich. Frühmorgens, wie die zwei herunter kamen, fanden sie all ihr Gold wieder und trugens heim.

Als sie wieder zu Haus waren, sprach der Frieder ›Catherlieschen, nun mußt du aber auch fleißig sein und arbeiten.‹ ›Ja, Friederchen, wills schon thun, will ins Feld gehen, Frucht schneiden.‹ Als Catherlieschen im Feld war, sprachs mit sich selber ›eß ich, eh ich schneid, oder schlaf ich, eh ich schneid? hei, ich will ehr essen!‹ Da aß Catherlieschen und ward überm Essen schläfrig, und fieng an zu schneiden und schnitt halb träumend alle seine Kleider entzwei, Schürze, Rock und Hemd. Wie Catherlieschen nach langem Schlaf wieder erwachte, stand es halb nackigt da und sprach zu sich selber ›bin ichs, oder bin ichs nicht? ach, ich bins nicht!‹ Unterdessen wards Nacht, da lief Catherlieschen ins Dorf hinein, klopfte an ihres Mannes Fenster und rief ›Friederchen?‹ ›Was ist denn?‹ ›Möcht gern wissen, ob Catherlieschen drinnen ist.‹ ›Ja, ja,‹ antwortete der Frieder, ›es wird wohl drinn liegen und schlafen.‹ Sprach sie ›gut, dann bin ich gewiß schon zu Haus‹ und lief fort.

Draußen fand Catherlieschen Spitzbuben, die wollten stehlen. Da gieng es bei sie und sprach ›ich will euch helfen stehlen.‹ Die Spitzbuben meinten es wüßte die Gelegenheit des Orts und warens zufrieden. Catherlieschen gieng vor die Häuser und rief ›Leute, habt ihr was? wir wollen stehlen.‹ Dachten die Spitzbuben ›das wird gut werden‹ und wünschten sie wären Catherlieschen wieder los. Da sprachen sie zu ihm ›vorm Dorfe hat der Pfarrer Rüben auf dem Feld, geh hin und rupf uns Rüben.‹ Catherlieschen gieng hin aufs Land und fieng an zu rupfen, war aber so faul, und hob sich nicht in die Höhe. Da kam ein Mann vorbei, sahs und stand still und dachte, das wäre der Teufel, der so in den Rüben wühlte. Lief fort ins Dorf zum Pfarrer und sprach ›Herr Pfarrer, in eurem Rübenland ist der Teufel und rupft.‹ ›Ach Gott,‹ antwortete der Pfarrer, ›ich habe einen lahmen Fuß, ich kann nicht hinaus und ihn wegbannen.‹ Sprach der Mann ›so will ich euch hockeln,‹ und hockelte ihn hinaus. Und als sie bei das Land kamen, machte sich das Catherlieschen auf und reckte sich in die Höhe. ›Ach, der Teufel!‹

Der Frieder und das Catherlieschen

rief der Pfarrer, und beide eilten fort, und der Pfarrer konnte vor großer Angst mit seinem lahmen Fuße gerader laufen, als der Mann, der ihn gehockt hatte, mit seinen gesunden Beinen.

Der goldene Vogel

Es war vor Zeiten ein König, der hatte einen schönen Lustgarten hinter seinem Schloß, darin stand ein Baum, der goldene Äpfel trug. Als die Äpfel reiften, wurden sie gezählt, aber gleich den nächsten Morgen fehlte einer. Das ward dem König gemeldet, und er befahl daß alle Nächte unter dem Baume Wache sollte gehalten werden. Der König hatte drei Söhne, davon schickte er den ältesten bei einbrechender Nacht in den Garten: wie es aber Mitternacht war, konnte er sich des Schlafes nicht erwehren, und am nächsten Morgen fehlte wieder ein Apfel. In der folgenden Nacht mußte der zweite Sohn wachen, aber dem erging es nicht besser: als es zwölf Uhr geschlagen hatte, schlief er ein, und Morgens fehlte ein Apfel. Jetzt kam die Reihe zu wachen an den dritten Sohn, der war auch bereit, aber der König traute ihm nicht viel zu und meinte er würde noch

Der goldene Vogel

weniger ausrichten als seine Brüder: endlich aber gestattete er es doch. Der Jüngling legte sich also unter den Baum, wachte und ließ den Schlaf nicht Herr werden. Als es zwölf schlug, so rauschte etwas durch die Luft, und er sah im Mondschein einen Vogel daher fliegen, dessen Gefieder ganz von Gold glänzte. Der Vogel ließ sich auf dem Baume nieder und hatte eben einen Apfel abgepickt, als der Jüngling einen Pfeil nach ihm abschoß. Der Vogel entflog, aber der Pfeil hatte sein Gefieder getroffen, und eine seiner goldenen Federn fiel herab. Der Jüngling hob sie auf, brachte sie am andern Morgen dem König und erzählte ihm was er in der Nacht gesehen hatte. Der König versammelte seinen Rath, und jedermann erklärte eine Feder wie diese sei mehr werth als das gesammte Königreich. ›Ist die Feder so kostbar,‹ erklärte der König, ›so hilft mir auch die eine nichts, sondern ich will und muß den ganzen Vogel haben.‹

Der älteste Sohn machte sich auf den Weg, verließ sich auf seine Klugheit und meinte den goldenen Vogel schon zu finden. Wie er eine Strecke gegangen war, sah er an dem Rande eines Waldes einen Fuchs sitzen, legte seine Flinte an und zielte auf ihn. Der Fuchs rief ›schieß mich nicht, ich will dir dafür einen guten Rath geben. Du bist auf dem Weg

Märchen der Brüder Grimm

nach dem goldenen Vogel, und wirst heut Abend in ein Dorf kommen, wo zwei Wirthshäuser einander gegenüber stehen. Eins ist hell erleuchtet, und es geht darin lustig her: da kehr aber nicht ein, sondern geh ins andere, wenn es dich auch schlecht ansieht.‹ ›Wie kann mir wohl so ein albernes Thier einen vernünftigen Rath ertheilen!‹ dachte der Königssohn und drückte los, aber er fehlte den Fuchs, der den Schwanz streckte und schnell in den Wald lief. Darauf setzte er seinen Weg fort und kam Abends in das Dorf, wo die beiden Wirthshäuser standen: in dem einen ward gesungen und gesprungen, das andere hatte ein armseliges betrübtes Ansehen. ›Ich wäre wohl ein Narr,‹ dachte er, ›wenn ich in das lumpige Wirthshaus gienge und das schöne liegen ließ.‹ Also gieng er in das lustige ein, lebte da in Saus und Braus, und vergaß den Vogel seinen Vater und alle gute Lehren.

Als eine Zeit verstrichen und der älteste Sohn immer und immer nicht nach Haus gekommen war, so machte sich der zweite auf den Weg und wollte den goldenen Vogel suchen. Wie dem ältesten begegnete ihm der Fuchs und gab ihm den guten Rath, den er nicht achtete. Er kam zu den beiden Wirthshäusern, wo sein Bruder am Fenster des einen stand,

Der goldene Vogel

aus dem der Jubel erschallte, und ihn anrief. Er konnte nicht widerstehen, gieng hinein und lebte nur seinen Lüsten.

Wiederum verstrich eine Zeit, da wollte der jüngste Königssohn ausziehen und sein Heil versuchen, der Vater aber wollte es nicht zulassen. ›Es ist vergeblich,‹ sprach er, ›der wird den goldenen Vogel noch weniger finden als seine Brüder, und wenn ihm ein Unglück zustößt, so weiß er sich nicht zu helfen; es fehlt ihm am Besten.‹ Doch endlich, wie keine Ruhe mehr da war, ließ er ihn ziehen. Vor dem Walde saß wieder der Fuchs, bat um sein Leben und ertheilte den guten Rath. Der Jüngling war gutmüthig und sagte ›sei ruhig, Füchslein, ich thue dir nichts zu Leid.‹ ›Es soll dich nicht gereuen,‹ antwortete der Fuchs, ›und damit du schneller fortkommst, so steig hinten auf meinen Schwanz.‹ Und kaum hat er sich aufgesetzt, so fieng der Fuchs an zu laufen, und da giengs über Stock und Stein daß die Haare im Winde pfiffen. Als sie zu dem Dorfe kamen, stieg der Jüngling ab, befolgte den guten Rath und kehrte, ohne sich umzusehen, in das geringe Wirthshaus ein, wo er ruhig übernachtete. Am andern Morgen, wie er auf das Feld kam, saß da schon der Fuchs und sagte ›ich will dir weiter sagen was du zu thun hast. Geh du immer gerade aus, endlich wirst du an ein

Schloß kommen, vor dem eine ganze Schaar Soldaten liegt, aber kümmere dich nicht darum, denn sie werden alle schlafen und schnarchen: geh mitten durch und geradeswegs in das Schloß hinein, und geh durch alle Stuben, zuletzt wirst du in eine Kammer kommen, wo ein goldener Vogel in einem hölzernen Käfig hängt. Neben an steht ein leerer Goldkäfig zum Prunk, aber hüte dich daß du den Vogel nicht aus seinem schlechten Käfig heraus nimmst und in den prächtigen thust, sonst möchte es dir schlimm ergehen.‹ Nach diesen Worten streckte der Fuchs wieder seinen Schwanz aus, und der Königssohn setzte sich auf: da giengs über Stock und Stein daß die Haare im Winde pfiffen. Als er bei dem Schloß angelangt war, fand er alles so wie der Fuchs gesagt hatte. Der Königssohn kam in die Kammer, wo der goldene Vogel in einem hölzernen Käfig saß, und ein goldener stand daneben: die drei goldenen Äpfel aber lagen in der Stube umher. Da dachte er es wäre lächerlich, wenn er den schönen Vogel in dem gemeinen und häßlichen Käfig lassen wollte, öffnete die Thüre, packte ihn und setzte ihn in den goldenen. In dem Augenblick aber that der Vogel einen durchdringenden Schrei. Die Soldaten erwachten, stürzten herein und führten ihn ins Gefängnis. Den andern

Der goldene Vogel

Morgen wurde er vor ein Gericht gestellt und, da er alles bekannte, zum Tode verurtheilt. Doch sagte der König er wollte ihm unter einer Bedingung das Leben schenken, wenn er ihm nämlich das goldene Pferd brächte, welches noch schneller liefe als der Wind, und dann sollte er obendrein zur Belohnung den goldenen Vogel erhalten.

Der Königssohn machte sich auf den Weg, seufzte aber und war traurig, denn wo sollte er das goldene Pferd finden? Da sah er auf einmal seinen alten Freund, den Fuchs, an dem Wege sitzen. ›Siehst du,‹ sprach der Fuchs, ›so ist es gekommen, weil du mir nicht gehört hast. Doch sei gutes Muthes, ich will mich deiner annehmen und dir sagen wie du zu dem goldenen Pferd gelangst. Du mußt gerades Weges fortgehen, so wirst du zu einem Schloß kommen, wo das Pferd im Stalle steht. Vor dem Stall werden die Stallknechte liegen, aber sie werden schlafen und schnarchen und du kannst geruhig das goldene Pferd herausführen. Aber eins mußt du in acht nehmen, leg ihm den schlechten Sattel von Holz und Leder auf und ja nicht den goldenen, der dabei hängt, sonst wird es dir schlimm ergehen.‹ Dann streckte der Fuchs seinen Schwanz aus, der Königssohn setzte sich auf, und es gieng fort über Stock und Stein daß die Haare im Winde pfiffen. Alles traf so ein, wie der Fuchs gesagt hatte, er kam in den Stall, wo das goldene Pferd stand: als er ihm aber den schlechten Sattel auflegen wollte, so dachte er ›ein so schönes Thier wird verschändet, wenn ich ihm nicht den guten Sattel auflege, der ihm gebührt.‹ Kaum aber berührte der goldene Sattel das Pferd, so fieng es an laut zu wiehern. Die Stallknechte erwachten, ergriffen den Jüngling und warfen ihn ins Gefängnis. Am andern Morgen wurde er vom Gericht zum Tode verurtheilt, doch versprach ihm der König das Leben zu schenken und dazu das goldene Pferd, wenn er die schöne Königstochter vom goldenen Schlosse herbeischaffen könnte.

Mit schwerem Herzen machte sich der Jüngling auf den Weg, doch zu seinem Glücke fand er bald den treuen Fuchs. ›Ich sollte dich nur deinem Unglück überlassen,‹ sagte der Fuchs, ›aber ich habe Mitleiden mit dir und will dir noch einmal aus deiner Noth helfen. Dein Weg führt dich gerade zu dem goldenen Schlosse: Abends wirst du anlangen, und Nachts, wenn alles still ist, dann geht die schöne Königstochter ins Badehaus, um da zu baden. Und wenn sie hineingeht, so spring auf sie zu und gib ihr einen Kuß, dann folgt sie dir, und du kannst sie mit dir fortführen: nur dulde

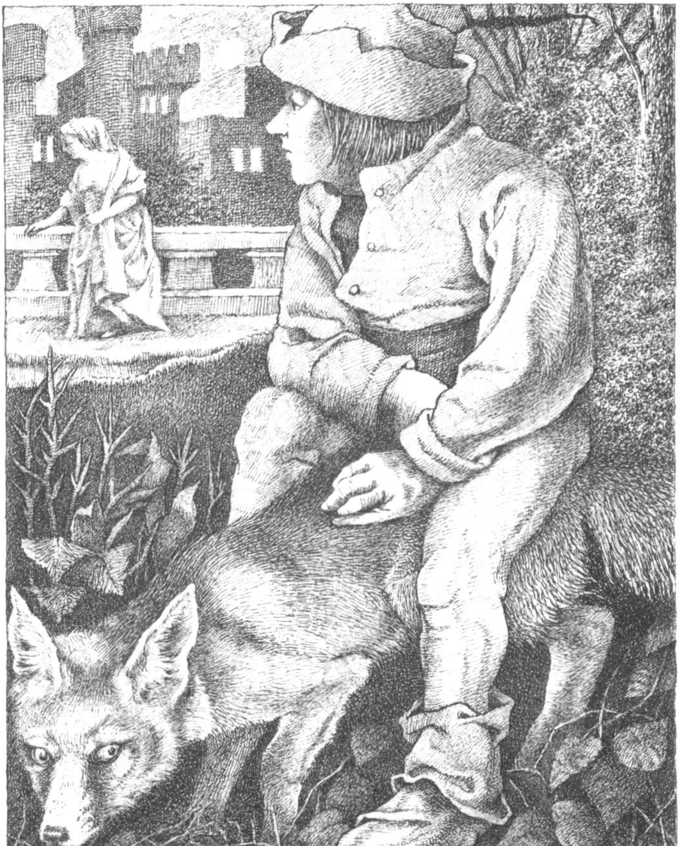

Der goldene Vogel

nicht daß sie vorher von ihren Eltern Abschied nimmt, sonst kann es dir schlimm ergehen.‹ Dann streckte der Fuchs seinen Schwanz, der Königssohn setzte sich auf, und so gieng es über Stock und Stein daß die Haare im Winde pfiffen. Als er beim goldenen Schloß ankam, war es so wie der Fuchs gesagt hatte. Er wartete bis um Mitternacht, als alles in tiefem Schlaf lag, und die schöne Jungfrau ins Badehaus gieng, da sprang er hervor und gab ihr einen Kuß. Sie sagte sie wollte gerne mit ihm gehen, bat ihn aber flehentlich und mit Thränen er möchte erlauben vorher von ihren Eltern Abschied zu nehmen. Er widerstand anfänglich ihren Bitten, als sie aber immer mehr weinte und ihm zu Fuß fiel, so gab er endlich nach. Kaum aber war die Jungfrau zu dem Bette ihres Vaters getreten, so wachte er und alle anderen, die im Schloß waren, auf, und der Jüngling ward fest gehalten und ins Gefängnis gesetzt.

Am andern Morgen sprach der König zu ihm ›dein Leben ist verwirkt, und du kannst bloß Gnade finden wenn du den Berg abträgst, der vor meinen Fenstern liegt, und über welchen ich nicht hinaus sehen kann, und das mußt du binnen acht Tagen zu Stande bringen. Gelingt dir das, so sollst du meine Tochter zur Belohnung haben.‹ Der Königssohn fieng an, grub und schaufelte ohne abzulassen, als er aber nach sieben Tagen sah wie wenig er ausgerichtet hatte, und alle seine Arbeit so gut wie nichts war, so fiel er in große Traurigkeit und gab alle Hoffnung auf. Am Abend des siebenten Tags aber erschien der Fuchs und sagte ›du verdienst nicht daß ich mich deiner annehme, aber geh nur hin und lege dich schlafen, ich will die Arbeit für dich thun.‹ Am andern Morgen als er erwachte und zum Fenster hinaus sah, so war der Berg verschwunden. Der Jüngling eilte voll Freude zum König und meldete ihm daß die Bedingung erfüllt wäre, und der König mochte wollen oder nicht, er mußte Wort halten und ihm seine Tochter geben.

Nun zogen die beiden zusammen fort, und es währte nicht lange, so kam der treue Fuchs zu ihnen. ›Das beste hast du zwar,‹ sagte er, ›aber zu der Jungfrau aus dem goldenen Schloß gehört auch das goldene Pferd.‹ ›Wie soll ich das bekommen?‹ fragte der Jüngling. ›Das will ich dir sagen,‹ antwortete der Fuchs, ›zuerst bring dem Könige, der dich nach dem goldenen Schlosse geschickt hat, die schöne Jungfrau. Da wird unerhörte Freude sein, sie werden dir das goldene Pferd gerne geben und werden dirs vorführen. Setz dich alsbald auf und reiche allen zum Abschied die Hand

Der goldene Vogel

herab, zuletzt der schönen Jungfrau, und wenn du sie gefaßt hast, so zieh sie mit einem Schwung hinauf und jage davon: und niemand ist im Stande dich einzuholen, denn das Pferd läuft schneller als der Wind.‹

Alles wurde glücklich vollbracht, und der Königssohn führte die schöne Jungfrau auf dem goldenen Pferde fort. Der Fuchs blieb nicht zurück und sprach zu dem Jüngling ›jetzt will ich dir auch zu dem goldenen Vogel verhelfen. Wenn du nahe bei dem Schlosse bist, wo sich der Vogel befindet, so laß die Jungfrau absitzen, und ich will sie in meine Obhut nehmen. Dann reit mit dem goldenen Pferd in den Schloßhof: bei dem Anblick wird große Freude sein, und sie werden dir den goldenen Vogel herausbringen. Wie du den Käfig in der Hand hast, so jage zu uns zurück und hole dir die Jungfrau wieder ab.‹ Als der Anschlag geglückt war und der Königssohn mit seinen Schätzen heim reiten wollte, so sagte der Fuchs ›nun sollst du mich für meinen Beistand belohnen.‹ ›Was verlangst du dafür?‹ fragte der Jüngling. ›Wenn wir dort in den Wald kommen, so schieß mich todt und hau mir Kopf und Pfoten ab.‹ ›Das wäre eine schöne Dankbarkeit,‹ sagte der Königssohn, ›das kann ich dir unmöglich gewähren.‹ Sprach der Fuchs ›wenn du es nicht thun willst, so muß ich dich verlassen; ehe ich aber fortgehe, will ich dir noch einen guten Rath geben. Vor zwei Stükken hüte dich, kauf kein Galgenfleisch und setze dich an keinen Brunnenrand.‹ Damit lief er in den Wald.

Der Jüngling dachte ›das ist ein wunderliches Thier, das seltsame Grillen hat. Wer wird Galgenfleisch kaufen! und die Lust mich an einen Brunnenrand zu setzen ist mir noch niemals gekommen.‹ Er ritt mit der schönen Jungfrau weiter, und sein Weg führte ihn wieder durch das Dorf, in welchem seine beiden Brüder geblieben waren. Da war großer Auflauf und Lärmen, und als er fragte was da vor wäre, hieß es, es sollten zwei Leute aufgehängt werden. Als er näher hinzu kam, sah er daß es seine Brüder waren, die allerhand schlimme Streiche verübt und all ihr Gut verthan hatten. Er fragte ob sie nicht könnten frei gemacht werden. ›Wenn ihr für sie bezahlen wollt,‹ antworteten die Leute, ›aber was wollt ihr an die schlechten Menschen euer Geld hängen und sie loskaufen.‹ Er besann sich aber nicht, zahlte für sie, und als sie frei gegeben waren, so setzten sie die Reise gemeinschaftlich fort.

Sie kamen in den Wald, wo ihnen der Fuchs zuerst begegnet war, und da es darin kühl und lieblich war, und die

Der goldene Vogel

Sonne heiß brannte, so sagten die beiden Brüder ›laßt uns hier an dem Brunnen ein wenig ausruhen, essen und trinken.‹ Er willigte ein, und während des Gesprächs vergaß er sich, setzte sich an den Brunnenrand und versah sich nichts arges. Aber die beiden Brüder warfen ihn rückwärts in den Brunnen, nahmen die Jungfrau, das Pferd und den Vogel, und zogen heim zu ihrem Vater. ›Da bringen wir nicht bloß den goldenen Vogel,‹ sagten sie, ›wir haben auch das goldene Pferd und die Jungfrau von dem goldenen Schlosse erbeutet.‹ Da war große Freude, aber das Pferd das fraß nicht, der Vogel der pfiff nicht, und die Jungfrau die saß und weinte.

Der jüngste Bruder war aber nicht umgekommen. Der Brunnen war zum Glück trocken, und er fiel auf weiches Moos ohne Schaden zu nehmen, konnte aber nicht wieder heraus. Auch in dieser Noth verließ ihn der treue Fuchs nicht, kam zu ihm herabgesprungen und schalt ihn daß er seinen Rath vergessen hätte. ›Ich kanns aber doch nicht lassen,‹ sagte er, ›ich will dir wieder an das Tageslicht helfen.‹ Er sagte ihm er sollte seinen Schwanz anpacken und sich fest daran halten, und zog ihn dann in die Höhe. ›Noch bist du nicht aus aller Gefahr,‹ sagte der Fuchs, ›deine Brüder waren deines Todes nicht gewis und haben den Wald mit Wächtern umstellt, die sollen dich tödten, wenn du dich sehen ließest.‹ Da saß ein armer Mann am Weg, mit dem vertauschte der Jüngling die Kleider und gelangte auf diese Weise an des Königs Hof. Niemand erkannte ihn, aber der Vogel fieng an zu pfeifen, das Pferd fieng an zu fressen, und die schöne Jungfrau hörte Weinens auf. Der König fragte verwundert ›was hat das zu bedeuten?‹ Da sprach die Jungfrau ›ich weiß es nicht aber ich war so traurig und nun bin ich so fröhlich. Es ist mir, als wäre mein rechter Bräutigam gekommen.‹ Sie erzählte ihm alles was geschehen war, obgleich die andern Brüder ihr den Tod angedroht hatten, wenn sie etwas verrathen würde. Der König hieß alle Leute vor sich bringen, die in seinem Schloß waren, da kam auch der Jüngling als ein armer Mann in seinen Lumpenkleidern, aber die Jungfrau erkannte ihn gleich und fiel ihm um den Hals. Die gottlosen Brüder wurden ergriffen und hingerichtet, er aber ward mit der schönen Jungfrau vermählt und zum Erben des Königs bestimmt.

Aber wie ist es dem armen Fuchs ergangen? Lange danach gieng der Königssohn einmal wieder in den Wald, da begegnete ihm der Fuchs und sagte ›du hast nun alles, was du dir wünschen kannst, aber mit meinem Unglück will es

Der goldene Vogel

kein Ende nehmen, und es steht doch in deiner Macht mich zu erlösen,‹ und abermals bat er flehentlich er möchte ihn todtschießen und ihm Kopf und Pfoten abhauen. Also that ers, und kaum war es geschehen, so verwandelte sich der Fuchs in einen Menschen, und war niemand anders als der Bruder der schönen Königstochter, der endlich von dem Zauber, der auf ihm lag, erlöst war. Und nun fehlte nichts mehr zu ihrem Glück so lange sie lebten.

Der Bärenhäuter

Es war einmal ein junger Kerl, der ließ sich als Soldat anwerben, hielt sich tapfer und war immer der vorderste, wenn es blaue Bohnen regnete. Solange der Krieg dauerte, gieng alles gut, aber als Friede geschlossen war, erhielt er seinen Abschied, und der Hauptmann sagte er könne gehen wohin er wollte. Seine Eltern waren todt, und er hatte keine Heimat mehr, da gieng er zu seinen Brüdern und bat sie möchten ihm so lange Unterhalt geben bis der Krieg wieder anfienge. Die Brüder aber waren hartherzig und sagten ›was sollen wir mit dir? wir können dich nicht brauchen, sieh zu wie du dich durchschlägst.‹ Der Soldat hatte nichts übrig als sein Gewehr, das nahm er auf die Schulter und wollte in die Welt gehen. Er kam auf eine große Heide, auf der nichts zu sehen war als ein Ring von Bäumen: darunter setzte er sich ganz traurig nieder und sann über sein Schicksal nach. ›Ich habe kein Geld,‹ dachte er, ›ich habe nichts gelernt als das

Der Bärenhäuter

Kriegshandwerk, und jetzt weil Friede geschlossen ist, brauchen sie mich nicht mehr; ich sehe voraus ich muß verhungern.‹ Auf einmal hörte er ein Brausen, und wie er sich umblickte, stand ein unbekannter Mann vor ihm, der einen grünen Rock trug, recht stattlich aussah, aber einen garstigen Pferdefuß hatte. ›Ich weiß schon was dir fehlt,‹ sagte der Mann, ›Geld und Gut sollst du haben, so viel du mit aller Gewalt durchbringen kannst, aber ich muß zuvor wissen ob du dich nicht fürchtest, damit ich mein Geld nicht umsonst ausgebe.‹ ›Ein Soldat und Furcht, wie paßt das zusammen?‹ antwortete er, ›du kannst mich auf die Probe stellen.‹ ›Wohlan,‹ antwortete der Mann, ›schau hinter dich.‹ Der Soldat kehrte sich um und sah einen großen Bär, der brummend auf ihn zutrabte. ›Oho,‹ rief der Soldat, ›dich will ich an der Nase kitzeln, daß dir die Luft zum Brummen vergehen soll,‹ legte an und schoß den Bär auf die Schnauze, daß er zusammenfiel und sich nicht mehr regte. ›Ich sehe wohl,‹ sagte der Fremde, ›daß dirs an Muth nicht fehlt, aber es ist noch eine Bedingung dabei, die mußt du erfüllen.‹ ›Wenn mirs an meiner Seligkeit nicht schadet,‹ antwortete der Soldat, der wohl merkte wen er vor sich hatte, ›sonst laß ich mich auf nichts ein.‹ ›Das wirst du selber sehen,‹

antwortete der Grünrock, ›du darfst in den nächsten sieben Jahren dich nicht waschen, dir Bart und Haare nicht kämmen, die Nägel nicht schneiden und kein Vaterunser beten. Dann will ich dir einen Rock und Mantel geben, den mußt du in dieser Zeit tragen. Stirbst du in diesen sieben Jahren, so bist du mein, bleibst du aber leben, so bist du frei und bist reich dazu für dein Lebtag.‹ Der Soldat dachte an die große Noth, in der er sich befand, und da er so oft in den Tod gegangen war, wollte er es auch jetzt wagen und willigte ein. Der Teufel zog den grünen Rock aus, reichte ihn dem Soldaten hin und sagte, ›wenn du den Rock an deinem Leibe hast und in die Tasche greifst, so wirst du die Hand immer voll Geld haben.‹ Dann zog er dem Bären die Haut ab und sagte ›das soll dein Mantel sein und auch dein Bett, denn darauf mußt du schlafen und darfst in kein anderes Bett kommen. Und dieser Tracht wegen sollst du Bärenhäuter heißen.‹ Hierauf verschwand der Teufel.

Der Soldat zog den Rock an, griff gleich in die Tasche und fand daß die Sache ihre Richtigkeit hatte. Dann hieng er die Bärenhaut um, gieng in die Welt, war guter Dinge und unterließ nichts was ihm wohl und dem Gelde wehe that. Im ersten Jahr gieng es noch leidlich, aber in dem zweiten

Der Bärenhäuter

sah er schon aus wie ein Ungeheuer. Das Haar bedeckte ihm fast das ganze Gesicht, sein Bart glich einem Stück grobem Filztuch, seine Finger hatten Krallen, und sein Gesicht war so mit Schmutz bedeckt, daß wenn man Kresse hinein gesät hätte, sie aufgegangen wäre. Wer ihn sah, lief fort, weil er aber aller Orten den Armen Geld gab, damit sie für ihn beteten daß er in den sieben Jahren nicht stürbe, und weil er alles gut bezahlte, so erhielt er doch immer noch Herberge. Im vierten Jahr kam er in ein Wirthshaus, da wollte ihn der Wirth nicht aufnehmen und wollte ihm nicht einmal einen Platz im Stall anweisen, weil er fürchtete seine Pferde würden scheu werden. Doch als der Bärenhäuter in die Tasche griff und eine Hand voll Ducaten herausholte, so ließ der Wirth sich erweichen, und gab ihm eine Stube im Hintergebäude; doch mußte er versprechen sich nicht sehen zu lassen, damit sein Haus nicht in bösen Ruf käme.

Als der Bärenhäuter Abends allein saß und von Herzen wünschte daß die sieben Jahre herum wären, so hörte er in einem Nebenzimmer ein lautes Jammern. Er hatte ein mitleidiges Herz, öffnete die Thüre und erblickte einen alten Mann, der heftig weinte und die Hände über dem Kopf zusammen schlug. Der Bärenhäuter trat näher, aber der

Mann sprang auf und wollte entfliehen. Endlich, als er eine menschliche Stimme vernahm, ließ er sich bewegen, und durch freundliches Zureden brachte es der Bärenhäuter dahin, daß er ihm die Ursache seines Kummers offenbarte. Sein Vermögen war nach und nach geschwunden, er und seine Töchter mußten darben, und er war so arm, daß er den Wirth nicht einmal bezahlen konnte und ins Gefängniß sollte gesetzt werden. ›Wenn ihr weiter keine Sorgen habt,‹ sagte der Bärenhäuter, ›Geld habe ich genug.‹ Er ließ den Wirth herbeikommen, bezahlte ihn und steckte dem Unglücklichen noch einen Beutel voll Gold in die Tasche.

Als der alte Mann sich aus seinen Sorgen erlöst sah, wußte er nicht womit er sich dankbar beweisen sollte. ›Komm mit mir,‹ sprach er zu ihm, ›meine Töchter sind Wunder von Schönheit, wähle dir eine davon zur Frau. Wenn sie hört was du für mich gethan hast, so wird sie sich nicht weigern. Du siehst freilich ein wenig seltsam aus, aber sie wird dich schon wieder in Ordnung bringen.‹ Dem Bärenhäuter gefiel das wohl und er gieng mit. Als ihn die älteste erblickte, entsetzte sie sich so gewaltig vor seinem Antlitz, daß sie aufschrie und fort lief. Die zweite blieb zwar stehen und betrachtete ihn, von Kopf bis zu Füßen, dann aber sprach sie

Der Bärenhäuter

›wie kann ich einen Mann nehmen, der keine menschliche Gestalt mehr hat? Da gefiel mir der rasierte Bär noch besser, der einmal hier zu sehen war und sich für einen Menschen ausgab, der hatte doch einen Husarenpelz an und weiße Handschuhe. Wenn er nur häßlich wäre, so könnte ich mich an ihn gewöhnen.‹ Die jüngste aber sprach ›lieber Vater, das muß ein guter Mann sein, der euch aus der Noth geholfen hat, habt ihr ihm dafür eine Braut versprochen, so muß euer Wort gehalten werden.‹ Es war Schade, daß das Gesicht des Bärenhäuters von Schmutz und Haaren bedeckt war, sonst hätte man sehen können wie ihm das Herz im Leibe lachte, als er diese Worte hörte. Er nahm einen Ring von seinem Finger, brach ihn entzwei und gab ihr die eine Hälfte, die andere behielt er für sich. In ihre Hälfte aber schrieb er seinen Namen und in seine Hälfte schrieb er ihren Namen und bat sie ihr Stück gut aufzuheben. Hierauf nahm er Abschied und sprach ›ich muß noch drei Jahre wandern, komm ich aber nicht wieder, so bist du frei, weil ich dann todt bin. Bitte aber Gott daß er mir das Leben erhält.‹

Die arme Braut kleidete sich ganz schwarz, und wenn sie an ihren Bräutigam dachte, so kamen ihr die Thränen in die Augen. Von ihren Schwestern ward ihr nichts als Hohn und

Spott zu Theil. ›Nimm dich in Acht,‹ sagte die älteste, ›wenn du ihm die Hand reichst, so schlägt er dir mit der Tatze darauf.‹ ›Hüte dich,‹ sagte die zweite, ›die Bären lieben die Süßigkeit, und wenn du ihm gefällst, so frißt er dich auf.‹ ›Du mußt nur immer seinen Willen thun,‹ hub die älteste wieder an, ›sonst fängt er an zu brummen.‹ Und die zweite fuhr fort ›aber die Hochzeit wird lustig sein, Bären die tanzen gut.‹ Die Braut schwieg still und ließ sich nicht irre machen. Der Bärenhäuter aber zog in der Welt herum, von einem Ort zum andern, that Gutes, wo er konnte und gab den Armen reichlich, damit sie für ihn beteten. Endlich als der letzte Tag von den sieben Jahren anbrach, gieng er wieder hinaus auf die Heide, und setzte sich unter den Ring von Bäumen. Nicht lange, so sauste der Wind, und der Teufel stand vor ihm und blickte ihn verdrießlich an; dann warf er ihm den alten Rock hin und verlangte seinen grünen zurück. ›So weit sind wir noch nicht,‹ antwortete der Bärenhäuter, ›erst sollst du mich reinigen.‹ Der Teufel mochte wollen oder nicht, er mußte Wasser holen, den Bärenhäuter abwaschen, ihm die Haare kämmen, und die Nägel schneiden. Hierauf sah er wie ein tapferer Kriegsmann aus, und war viel schöner als je vorher.

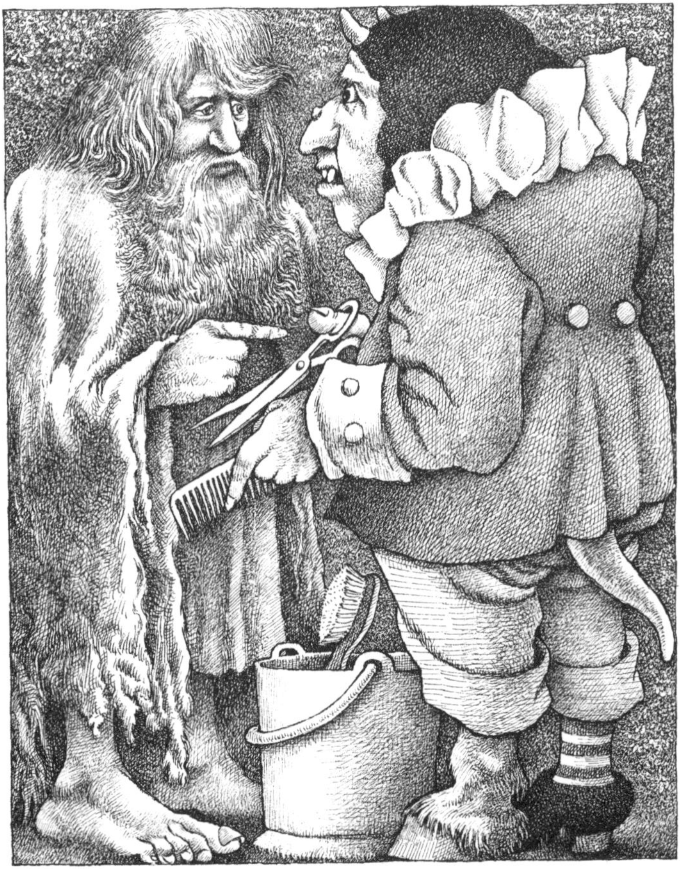

Der Bärenhäuter

Als der Teufel glücklich abgezogen war, so war es dem Bärenhäuter ganz leicht ums Herz. Er gieng in die Stadt, that einen prächtigen Sammetrock an, setzte sich in einen Wagen mit vier Schimmeln bespannt und fuhr zu dem Haus seiner Braut. Niemand erkannte ihn, der Vater hielt ihn für einen vornehmen Feldobrist und führte ihn in das Zimmer, wo seine Töchter saßen. Er mußte sich zwischen den beiden ältesten niederlassen: sie schenkten ihm Wein ein, legten ihm die besten Bissen vor und meinten sie hätten keinen schönern Mann auf der Welt gesehen. Die Braut aber saß in schwarzem Kleide ihm gegenüber, schlug die Augen nicht auf und sprach kein Wort. Als er endlich den Vater fragte, ob er ihm eine seiner Töchter zur Frau geben wollte, so sprangen die beiden ältesten auf, liefen in ihre Kammer und wollten prächtige Kleider anziehen, denn eine jede bildete sich ein sie wäre die Auserwählte. Der Fremde, sobald er mit seiner Braut allein war, holte den halben Ring hervor und warf ihn in einen Becher mit Wein, den er ihr über den Tisch reichte. Sie nahm ihn an, aber als sie getrunken hatte und den halben Ring auf dem Grund liegen fand, so schlug ihr das Herz. Sie holte die andere Hälfte, die sie an einem Band um den Hals trug, hielt sie daran, und es zeigte sich daß beide Theile vollkommen zu einander paßten. Da sprach er ›ich bin dein verlobter Bräutigam, den du als Bärenhäuter gesehen hast, aber durch Gottes Gnade habe ich meine menschliche Gestalt wieder erhalten, und bin wieder rein geworden.‹ Er gieng auf sie zu, umarmte sie und gab ihr einen Kuß. Indem kamen die beiden Schwestern in vollem Putz herein, und als sie sahen daß der schöne Mann der jüngsten zu Theil geworden war, und hörten daß das der Bärenhäuter war, liefen sie voll Zorn und Wuth hinaus; die eine ersäufte sich im Brunnen, die andere erhenkte sich an einem Baum. Am Abend klopfte jemand an der Thüre, und als der Bräutigam öffnete, so wars der Teufel im grünen Rock, der sprach ›siehst du, nun habe ich zwei Seelen für deine eine.‹

Der Gevatter Tod

Es hatte ein armer Mann zwölf Kinder und mußte Tag und Nacht arbeiten damit er ihnen nur Brot geben konnte. Als nun das dreizehnte zur Welt kam, wußte er sich in seiner Noth nicht zu helfen, lief hinaus auf die große Landstraße und wollte den ersten, der ihm begegnete, zu Gevatter bitten. Der erste der ihm begegnete, das war der liebe Gott, der wußte schon was er auf dem Herzen hatte, und sprach zu ihm ›armer Mann, du dauerst mich, ich will dein Kind aus der Taufe heben, will für es sorgen und es glücklich machen auf Erden.‹ Der Mann sprach ›wer bist du?‹ ›Ich bin der liebe Gott.‹ ›So begehr ich dich nicht zu Gevatter,‹ sagte der Mann, ›du giebst dem Reichen und lässest den Armen hungern.‹ Das sprach der Mann, weil er nicht wußte wie weislich Gott Reichthum und Armuth vertheilt. Also wendete er sich von dem Herrn und gieng weiter. Da trat der Teufel zu ihm und sprach ›was suchst du? willst du mich zum Pathen deines Kindes nehmen, so will ich ihm Gold die Hülle und Fülle und alle Lust der Welt dazu geben.‹ Der Mann fragte ›wer bist du?‹ ›Ich bin der Teufel.‹ ›So begehr ich dich nicht zum Gevatter,‹ sprach der Mann, ›du betrügst und verführst die Menschen.‹ Er gieng weiter, da kam der dürrbeinige Tod auf ihn zugeschritten und sprach ›nimm mich zu Gevatter.‹ Der Mann fragte ›wer bist du?‹ ›Ich bin der Tod, der alle gleich macht.‹ Da sprach der Mann ›du bist der rechte, du holst den Reichen wie den Armen ohne Unterschied, du sollst mein Gevattersmann sein.‹ Der Tod antwortete ›ich will dein Kind reich und berühmt machen, denn wer mich zum Freunde hat, dem kanns nicht fehlen.‹ Der Mann sprach ›künftigen Sonntag ist die Taufe, da stelle dich zu rechter Zeit ein.‹ Der Tod erschien wie er versprochen hatte, und stand ganz ordentlich Gevatter.

Als der Knabe zu Jahren gekommen war, trat zu einer Zeit der Pathe ein und hieß ihn mitgehen. Er führte ihn hinaus in den Wald, zeigte ihm ein Kraut, das da wuchs, und sprach ›jetzt sollst du dein Pathengeschenk empfangen. Ich mache dich zu einem berühmten Arzt. Wenn du zu einem Kranken gerufen wirst, so will ich dir jedesmal

Der Gevatter Tod

erscheinen: steh ich zu Häupten des Kranken, so kannst du keck sprechen, du wolltest ihn wieder gesund machen, und gibst du ihm dann von jenem Kraut ein, so wird er genesen; steh ich aber zu Füßen des Kranken, so ist er mein, und du mußt sagen alle Hilfe sei umsonst und kein Arzt in der Welt könne ihn retten. Aber hüte dich daß du das Kraut nicht gegen meinen Willen gebrauchst, es könnte dir schlimm ergehen.‹

Es dauerte nicht lange, so war der Jüngling der berühmteste Arzt auf der ganzen Welt. ›Er braucht nur den Kranken anzusehen, so weiß er schon wie es steht, ob er wieder gesund wird, oder ob er sterben muß,‹ so hieß es von ihm, und weit und breit kamen die Leute herbei, holten ihn zu den Kranken und gaben ihm so viel Gold, daß er bald ein reicher Mann war. Nun trug es sich zu, daß der König erkrankte: der Arzt ward berufen und sollte sagen ob Genesung möglich wäre. Wie er aber zu dem Bette trat, so stand der Tod zu den Füßen des Kranken, und da war für ihn kein Kraut mehr gewachsen. ›Wenn ich doch einmal den Tod überlisten könnte,‹ dachte der Arzt, ›er wirds freilich übel nehmen, aber da ich sein Pathe bin, so drückt er wohl ein Auge zu: ich wills wagen.‹ Er faßte also den Kranken und legte ihn verkehrt, so daß der Tod zu Häupten desselben zu stehen kam. Dann gab er ihm von dem Kraute ein, und der König erholte sich und ward wieder gesund. Der Tod aber kam zu dem Arzte, machte ein böses und finsteres Gesicht, drohte mit dem Finger und sagte ›du hast mich hinter das Licht geführt: diesmal will ich dirs nachsehen, weil du mein Pathe bist, aber wagst du das noch einmal, so geht dirs an den Kragen, und ich nehme dich selbst mit fort.‹

Bald hernach verfiel die Tochter des Königs in eine schwere Krankheit. Sie war sein einziges Kind, er weinte Tag und Nacht, daß ihm die Augen erblindeten, und ließ bekannt machen wer sie vom Tode errettete, der sollte ihr Gemahl werden und die Krone erben. Der Arzt, als er zu dem Bette der Kranken kam, erblickte den Tod zu ihren Füßen. Er hätte sich der Warnung seines Pathen erinnern sollen, aber die große Schönheit der Königstochter und das Glück ihr Gemahl zu werden bethörten ihn so, daß er alle Gedanken in den Wind schlug. Er sah nicht daß der Tod ihm zornige Blicke zuwarf, die Hand in die Höhe hob und mit der dürren Faust drohte; er hob die Kranke auf, und legte ihr Haupt dahin, wo die Füße gelegen hatten. Dann gab er ihr das Kraut ein, und alsbald rötheten sich ihre Wangen, und das Leben regte sich von neuem.

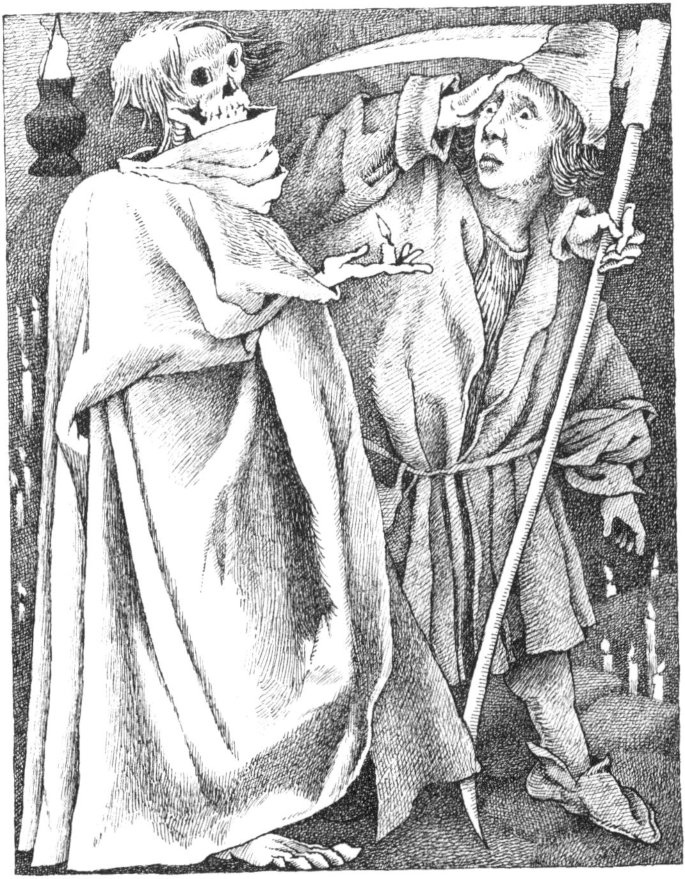

Der Gevatter Tod

Der Tod, als er sich zum zweitenmal um sein Eigenthum betrogen sah, gieng mit langen Schritten auf den Arzt zu und sprach ›es ist aus mit dir und die Reihe kommt nun an dich,‹ packte ihn mit seiner eiskalten Hand so hart, daß er nicht widerstehen konnte, und führte ihn in eine unterirdische Höhle. Da sah er wie tausend und tausend Lichter in unübersehbaren Reihen brannten, einige groß, andere halbgroß, andere klein. Jeden Augenblick verloschen einige, und andere brannten wieder auf, also daß die Flämmchen in beständigem Wechsel hin und her zu hüpfen schienen. ›Siehst du,‹ sprach der Tod, ›das sind die Lebenslichter der Menschen. Die großen gehören Kindern, die halbgroßen Eheleuten in ihren besten Jahren, die kleinen gehören Greisen. Doch auch Kinder und junge Leute haben oft nur ein kleines Lichtchen.‹ ›Zeige mir mein Lebenslicht‹ sagte der Arzt und meinte es wäre noch recht groß. Der Tod deutete auf ein kleines Endchen, das eben auszugehen drohte und sagte ›siehst du, da ist es.‹ ›Ach, lieber Pathe,‹ sagte der erschrockene Arzt, ›zündet mir ein neues an, thut mirs zu Liebe, damit ich meines Lebens genießen kann, König werde und Gemahl der schönen Königstochter.‹ ›Ich kann nicht,‹ antwortete der Tod, ›erst muß eines verlöschen, eh ein neues anbrennt.‹ ›So setzt das alte auf ein neues, das gleich fortbrennt wenn jenes zu Ende ist,‹ bat der Arzt. Der Tod stellte sich als ob er seinen Wunsch erfüllen wollte, langte ein frisches großes Licht herbei: aber weil er sich rächen wollte versah ers beim Umstecken absichtlich, und das Stückchen fiel um und verlosch. Alsbald sank der Arzt zu Boden, und war nun selbst in die Hand des Todes gerathen.

Allerlei-Rauh

Es war einmal ein König, der hatte eine Frau, die war die schönste auf der Welt, und hatte Haare von purem Gold; sie hatten auch eine Tochter mit einander, die war so schön wie ihre Mutter, und ihre Haare waren eben so golden. Einmal ward die Königin krank, und als sie fühlte, daß sie sterben müsse, rief sie den König und bat ihn, er möge nach ihrem Tod doch niemand heirathen, der nicht eben so schön wäre wie sie, und eben so goldne Haare hätte; und nachdem ihr der König das versprochen hatte, starb sie. Der König war lange Zeit so betrübt, daß er gar an keine zweite Frau dachte, endlich aber ermahnten ihn seine Räthe, sich wieder zu vermählen: da wurden Botschafter abgeschickt an alle Prinzessinnen, aber keine war so schön wie die verstorbene Königin, so goldenes Haar war auch gar nicht mehr zu finden auf der Welt. Da warf der König einmal die Augen auf seine Tochter, und wie er so sah, daß sie ganz ihrer Mutter glich und auch ein so goldenes Haar hatte, so dachte er, du kannst doch auf der Welt niemand so schön finden, du mußt deine Tochter heirathen, und fühlte in dem Augenblick eine so große Liebe zu ihr, daß er gleich den Räthen und der Prinzessin seinen Willen kund that. Die Räthe wollten es ihm ausreden, aber das war umsonst. Die Prinzessin erschrack von Herzen über dies gottlose Vorhaben, weil sie aber klug war, sagte sie dem König, er solle ihr erst drei Kleider schaffen, eins so golden wie die Sonne, eins so weiß wie der Mond, und eins so glänzend wie die Sterne, dann aber einen Mantel von tausenderlei Pelz zusammengesetzt, und alle Thiere im Reich müßten ein Stück von ihrer Haut dazu geben. Der König war so heftig in seiner Begierde, daß er im ganzen Reich daran arbeiten ließ, seine Jäger alle Thiere auffangen, und ihnen die Haut abziehen mußten, daraus ward der Mantel gemacht, und es dauerte nicht lang, so brachte er der Prinzessin, was sie verlangt hatte. Die Prinzessin sagte nun, sie wolle sich morgen mit ihm trauen lassen, in der Nacht aber suchte sie die Geschenke, die sie von ihrem Bräutigam hatte, zusammen, das war ein goldener Ring, ein golden Spinnrädchen und ein golde-

Allerlei-Rauh

nes Häspelchen, die drei Kleider aber that sie in eine Nuß, dann machte sie sich Gesicht und Hände mit Ruß schwarz, zog den Mantel von allerlei Pelz an, und ging fort. Sie ging die ganze Nacht, bis sie in einen großen Wald kam, da war sie sicher, und weil sie so müd war, setzte sie sich in einen holen Baum, und schlief ein.

Sie schlief noch am hohen Tag, da jagte gerade der König, ihr Bräutigam, in dem Wald, seine Hunde aber liefen um den Baum, und schnupperten daran. Der König schickte seine Jäger hin, die sollten sehen, was für ein Thier in dem Baum steckte, die kamen wieder und sagten, es liege ein so wunderliches Thier darin, wie sie ihr Lebtag noch keins gesehen, Rauhwerk allerlei Art sey an seiner Haut, es liege aber und schlafe. Da befahl der König sie sollten es fangen und hinten auf den Wagen binden. Das thaten die Jäger, und wie sie es hervorzogen, sahen sie, daß es ein Mädchen war, da banden sie es hinten auf und fuhren mit ihm heim. ›Allerlei-Rauh,‹ sagten sie, ›du bist gut für die Küche, du kannst Holz und Wasser tragen, und die Asche zusammen kehren‹; dann gaben sie ihm ein kleines Ställchen unter der Treppe, wohin kein Tagslicht kam: ›da kannst du wohnen und schlafen.‹ Nun mußte es in die Küche, da half es dem

Koch, rupfte die Hüner, schürte das Feuer, belas das Gemüs, und that alle schlechte Arbeit. Weil es alles so ordentlich machte, war ihm der Koch gut und rief manchmal Allerlei-Rauh Abends und gab ihm etwas von den Überbleibseln zu essen. Ehe der König aber zu Bett ging mußte es hinauf und ihm die Stiefel ausziehen, und wenn es einen ausgezogen hatte, warf er ihn allemal ihm an den Kopf.

So lebte Allerleih-Rauh lange Zeit recht armselig: ach, du schöne Jungfrau, wie solls mit dir noch werden? Da war ein Ball in dem Schloß, Allerleih-Rauh dachte, nun könnt' ich einmal wieder meinen lieben Bräutigam recht sehen, ging zum Koch und bat ihn, er möge ihr doch erlauben, nur ein wenig hinaufzugehen, um vor der Thüre die Pracht mit anzusehen. ›Geh hin‹, sagte der Koch, ›aber länger als eine halbe Stunde darfst du nicht ausbleiben, du mußt noch die Asche heut Abend zusammenkehren.‹ Da nahm Allerlei-Rauh sein Öhllämpchen und ging in sein Ställchen, und wusch sich den Ruß ab, da kam seine Schönheit hervor, recht wie die Blumen im Frühjahr; dann thät es den Pelzmantel ab, machte die Nuß auf und holte das Kleid heraus, das wie die Sonne glänzte. Und wie es damit geputzt war, ging es hinauf, und jedermann machte ihm Platz, und

Allerlei-Rauh

meinte nicht anders, als eine vornehme Prinzessin käme in den Saal gegangen. Der König reichte ihr gleich seine Hand zum Tanz, und wie er mit ihr tanzte, dachte er, wie gleicht diese unbekannte schöne Prinzessin meiner lieben Braut, und je länger er sie ansah, desto mehr glich sie ihr, daß er es fast gewiß glaubte, und wenn der Tanz zu Ende wär, wollte er sie fragen. Wie sie aber ausgetanzt hatte, verneigte sie sich und war verschwunden, ehe sich der König besinnen konnte. Da ließ er die Wächter fragen, aber keiner hatte die Prinzessin aus dem Hause gehen sehen. Sie war geschwind in ihr Ställchen gelaufen, hatte ihr Kleid ausgezogen, Gesicht und Hände schwarz gemacht, und wieder den Pelzmantel umgethan. Dann ging sie in die Küche und wollte die Asche zusammenkehren, der Koch aber sagte: ›laß das seyn bis morgen, ich will auch ein wenig hinaufgehen und den Tanz mit ansehen, koch derweil dem König seine Suppe, aber laß keine Haare hineinfallen, sonst kriegst du nichts mehr zu essen.‹ Allerlei-Rauh kochte dem König da eine Brodsuppe, und zuletzt legte es den goldenen Ring hinein, den der König ihr geschenkt hatte. Wie nun der Ball zu Ende war, ließ sich der König seine Brodsuppe bringen, die schmeckte ihm so gut, daß er meinte, er hätte noch nie eine so gute gegessen, wie er aber fertig war, fand er den Ring auf dem Grund liegen, und wie er ihn genau ansah, da war es sein Treuring. Da verwunderte er sich, konnte nicht begreifen, wie der Ring dahin kam, und ließ den Koch rufen; der Koch ward bös über Allerlei-Rauh: ›du hast gewiß ein Haar hineinfallen lassen, wenn das wahr ist, so kriegst du Schläge.‹ Wie aber der Koch hinauf kam, fragte der König, wer die Suppe gekocht habe, die wär besser als sonst gewesen, da mußte er gestehen, daß es Allerlei-Rauh gethan, und da hieß ihn der König Allerlei-Rauh heraufschicken. Wie es kam, sagte der König: ›wer bist du und was machst du in meinem Schloß, woher hast du den Ring, der in der Suppe lag?‹ Es antwortete aber: ›ich bin nichts als ein armes Kind, dem Vater und Mutter gestorben sind, habe nichts und bin zu gar nichts gut, als daß die Stiefel mir um den Kopf geworfen werden, und von dem Ring weiß ich auch nichts,‹ damit lief es fort.

Darnach war wieder ein Ball; da bat Allerlei-Rauh den Koch wieder, er solle es hinaufgehen lassen. Der Koch erlaubte es auch nur auf eine halbe Stunde, dann solle es da seyn und dem König die Brodsuppe kochen. Allerlei-Rauh ging in sein Ställchen, wusch sich rein und nahm das Mondkleid heraus, noch reiner und glänzender als der gefallene

Allerlei-Rauh

Schnee, und wie es hinauf kam ging eben der Tanz an, da reichte ihm der König die Hand, und tanzte mit ihm, und zweifelte nicht mehr, daß das seine Braut sey, denn niemand auf der Welt hatte außer ihr noch so goldene Haare; wie aber der Tanz zu Ende war, war auch die Prinzessin schon wieder draußen, und alle Mühe umsonst, der König konnte sie nicht finden, und hatte auch kein einzig Wort mit ihr sprechen können. Sie war aber wieder Allerlei-Rauh, schwarz im Gesicht und an den Händen, stand in der Küche und kochte dem König die Brodsuppe, und der Koch war hinaufgegangen und guckte zu. Und als die Suppe fertig war, that sie das goldne Spinnrad hinein. Der König aß die Suppe, und sie däuchte ihm noch besser, und als er zuletzt das goldene Spinnrad fand, erstaunte er noch mehr, denn das hatte er einmal seiner Braut geschenkt. Der Koch ward gerufen, und dann Allerleih-Rauh, aber die gab wieder zur Antwort, sie wisse nichts davon, und sey nur dazu da, daß ihr die Stiefel um den Kopf geworfen würden.

Der König stellte zum drittenmal einen Ball an, und hoffte seine Braut sollte wieder kommen, und da wollte er sie gewiß festhalten. Allerlei-Rauh bat auch wieder den Koch, ob sie nicht dürfe hinaufgehen, der schalt aber und sagte: ›du bist eine Hexe, du thust immer etwas in die Suppe, und kannst sie besser kochen als ich‹; doch weil es so bat und versprach, ordentlich zu seyn, so ließ er es wieder auf eine halbe Stunde hingehen. Da zog es sein Sternenkleid an, das funkelte wie die Sterne in der Nacht, ging hinauf und tanzte mit dem König; der meinte, so schön hätte er es noch niemals gesehen. Bei dem Tanz aber steckte er ihm einen Ring an den Finger, und hatte befohlen, daß der Tanz recht lang währen sollte. Doch aber konnte er es nicht festhalten, auch kein Wort mit ihm sprechen, denn als der Tanz aus war, sprang es so geschwind unter die Leute, daß es verschwunden war, eh er sich umdrehte. Es lief in sein Ställchen, und weils länger als eine halbe Stunde weggewesen war, zog es sich geschwind aus und machte sich in der Eile nicht ganz schwarz, sondern ein Finger blieb weiß, und wie es in die Küche kam, war der Koch schon fort, da kochte es geschwind die Brodsuppe und legte den goldenen Haspel hinein. Der König fand ihn, wie den Ring und das goldne Spinnrad, und nun wußt' er gewiß, daß seine Braut in der Nähe war, denn niemand anders konnte die Geschenke sonst haben. Allerlei-Rauh ward gerufen, wollte sich wieder durchhelfen und fortspringen, aber indem es fortsprang,

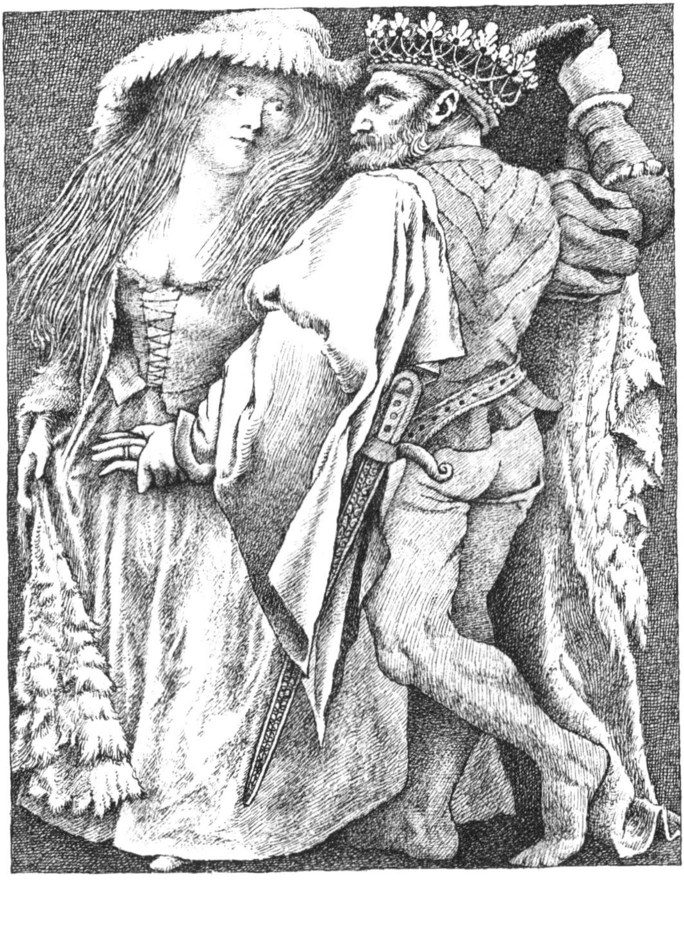

Allerlei-Rauh

erblickte der König einen weißen Finger an seiner Hand, und hielt es fest daran; da fand er den Ring, den er ihm angesteckt, und riß den Rauchmantel ab, da kamen die goldenen Haare heraus geflossen, und es war seine allerliebste Braut, und der Koch ward reichlich belohnt, und dann hielt er Hochzeit, und sie lebten vergnügt bis an ihren Tod.

Rapunzel

Es war einmal ein Mann und eine Frau, die wünschten sich schon lange vergeblich ein Kind, endlich machte sich die Frau Hoffnung der liebe Gott werde ihren Wunsch erfüllen. Die Leute hatten in ihrem Hinterhaus ein kleines Fenster, daraus konnte man in einen prächtigen Garten sehen, der voll der schönsten Blumen und Kräuter stand; er war aber von einer hohen Mauer umgeben, und niemand wagte hinein zu gehen, weil er einer Zauberin gehörte, die große Macht hatte und von aller Welt gefürchtet ward. Eines Tages stand die Frau an diesem Fenster und sah in den Garten hinab, da erblickte sie ein Beet, das mit den schönsten Rapunzeln bepflanzt war: und sie sahen so frisch und grün aus, daß sie lüstern ward und das größte Verlangen empfand von den Rapunzeln zu essen. Das Verlangen nahm jeden Tag zu, und da sie wußte daß sie keine davon bekom-

Rapunzel

men konnte, so fiel sie ganz ab, sah blaß und elend aus. Da erschrack der Mann und fragte ›was fehlt dir, liebe Frau?‹ ›Ach,‹ antwortete sie, ›wenn ich keine Rapunzeln aus dem Garten hinter unserm Hause zu essen kriege, so sterbe ich.‹ Der Mann, der sie lieb hatte, dachte ›eh du deine Frau sterben lässest, holst du dir von den Rapunzeln, es mag kosten was es will.‹ In der Abenddämmerung stieg er also über die Mauer in den Garten der Zauberin, stach in aller Eile eine Hand voll Rapunzeln und brachte sie seiner Frau. Sie machte sich sogleich Salat daraus und aß sie in voller Begierde auf. Sie hatten ihr aber so gut, so gut geschmeckt, das sie den andern Tag noch dreimal so viel Lust bekam. Sollte sie Ruhe haben, so mußte der Mann noch einmal in den Garten steigen. Er machte sich also in der Abenddämmerung wieder hinab, als er aber die Mauer herabgeklettert war, erschrack er gewaltig, denn er sah die Zauberin vor sich stehen. ›Wie kannst du es wagen,‹ sprach sie mit zornigem Blick, ›in meinen Garten zu steigen und wie ein Dieb mir meine Rapunzeln zu stehlen? das soll dir schlecht bekommen.‹ ›Ach,‹ antwortete er, ›laßt Gnade für Recht ergehen, ich habe mich nur aus Noth dazu entschlossen: meine Frau hat eure Rapunzeln aus dem Fenster erblickt, und empfindet ein so großes Gelüsten, daß sie sterben würde, wenn sie nicht davon zu essen bekäme.‹ Da ließ die Zauberin in ihrem Zorne nach und sprach zu ihm ›verhält es sich so, wie du sagst, so will ich dir gestatten Rapunzeln mitzunehmen so viel du willst, allein ich mache eine Bedingung: du mußt mir das Kind geben, das deine Frau zur Welt bringen wird. Es soll ihm gut gehen, und ich will für es sorgen wie eine Mutter.‹ Der Mann sagte in der Angst alles zu, und als die Frau in Wochen kam, so erschien sogleich die Zauberin, gab dem Kinde den Namen Rapunzel und nahm es mit sich fort.

Rapunzel ward das schönste Kind unter der Sonne. Als es zwölf Jahre alt war, schloß es die Zauberin in einen Thurm, der in einem Walde lag, und weder Treppe noch Thüre hatte, nur ganz oben war ein kleines Fensterchen. Wenn die Zauberin hinein wollte, so stellte sie sich unten hin, und rief

›Rapunzel, Rapunzel,
laß mir dein Haar herunter.‹

Rapunzel hatte lange prächtige Haare, fein wie gesponnen Gold. Wenn sie nun die Stimme der Zauberin vernahm, so band sie ihre Zöpfe los, wickelte sie oben um einen Fenster-

Rapunzel

haken, und dann fielen die Haare zwanzig Ellen tief herunter, und die Zauberin stieg daran hinauf.

Nach ein paar Jahren trug es sich zu, daß der Sohn des Königs durch den Wald ritt und an dem Thurm vorüber kam. Da hörte er einen Gesang, der war so lieblich, daß er still hielt und horchte. Das war Rapunzel, die in ihrer Einsamkeit sich die Zeit damit vertrieb, ihre süße Stimme erschallen zu lassen. Der Königssohn wollte zu ihr hinauf steigen und suchte nach einer Thüre des Thurms, aber es war keine zu finden. Er ritt heim, doch der Gesang hatte ihm so sehr das Herz gerührt, daß er jeden Tag hinaus in den Wald gieng und zuhörte. Als er einmal so hinter einem Baum stand, sah er daß eine Zauberin heran kam und hörte wie sie hinauf rief

›Rapunzel, Rapunzel,
laß dein Haar herunter.‹

Da ließ Rapunzel die Haarflechten herab, und die Zauberin stieg zu ihr hinauf. ›Ist das die Leiter, auf welcher man hinauf kommt, so will ich auch einmal mein Glück versuchen.‹ Und den folgenden Tag, als es anfieng dunkel zu werden, gieng er zu dem Thurme und rief

Märchen der Brüder Grimm

›Rapunzel, Rapunzel,
laß dein Haar herunter.‹

Alsbald fielen die Haare herab und der Königssohn stieg hinauf.

Anfangs erschrack Rapunzel gewaltig als ein Mann zu ihr herein kam, wie ihre Augen noch nie einen erblickt hatten, doch der Königssohn fing an ganz freundlich mit ihr zu reden und erzählte ihr daß von ihrem Gesang sein Herz so sehr sei bewegt worden, daß es ihm keine Ruhe gelassen, und er sie selbst habe sehen müssen. Da verlor Rapunzel ihre Angst, und als er sie fragte ob sie ihn zum Manne nehmen wollte, und sie sah daß er jung und schön war, so dachte sie ›der wird mich lieber haben als die alte Frau Gothel,‹ und sagte ja und legte ihre Hand in seine Hand. Sie sprach ›ich will gerne mit dir gehen, aber ich weiß nicht wie ich herab kommen kann. Wenn du kommst, so bring jedesmal einen Strang Seide mit, daraus will ich eine Leiter flechten und wenn die fertig ist, so steige ich herunter und du nimmst mich auf dein Pferd.‹ Sie verabredeten daß er bis dahin alle Abend zu ihr kommen sollte, denn bei Tag kam die Alte. Die Zauberin merkte auch nichts davon, bis einmal Rapun-

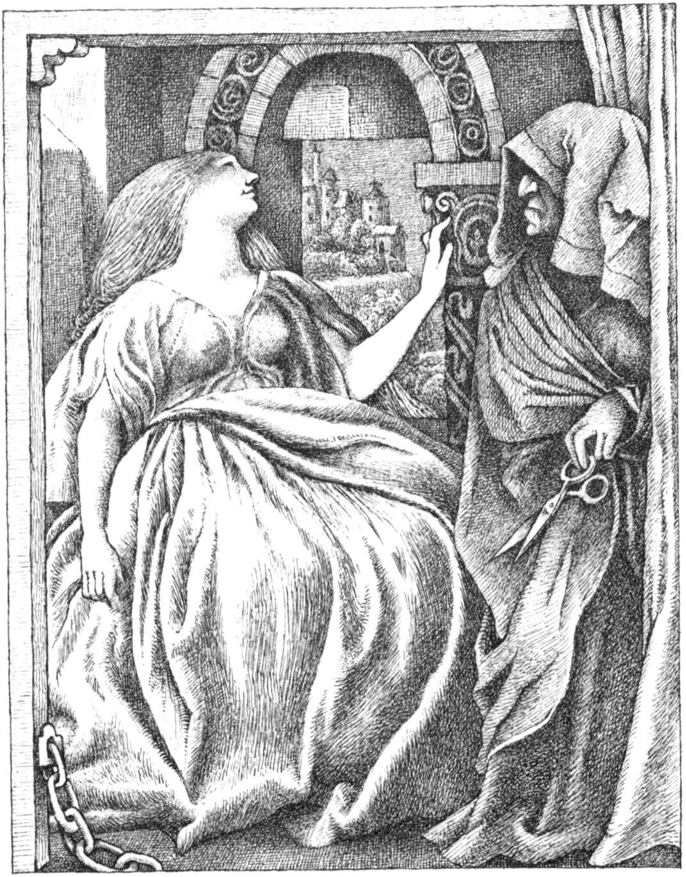

Rapunzel

zel anfieng und zu ihr sagte ›sag sie mir doch, Frau Gothel, wie kommt es nur, sie wird mir viel schwerer heraufzuziehen, als der junge Königssohn, der ist in einem Augenblick bei mir.‹ ›Ach du gottloses Kind,‹ rief die Zauberin, ›was muß ich von dir hören, ich dachte ich hätte dich von aller Welt geschieden, und du hast mich doch betrogen!‹ In ihrem Zorne packte sie die schönen Haare der Rapunzel, schlug sie ein paar Mal um ihre linke Hand, griff eine Schere mit der rechten, und ritsch, ratsch waren sie abgeschnitten, und die schönen Flechten lagen auf der Erde. Und sie war so unbarmherzig daß sie die arme Rapunzel in eine Wüstenei brachte, wo sie in großem Jammer und Elend leben mußte.

Denselben Tag aber, wo sie Rapunzel verstoßen hatte, machte Abends die Zauberin die abgeschnittenen Flechten oben am Fensterhaken fest, und als der Königssohn kam und rief

›Rapunzel, Rapunzel,
laß dein Haar herunter,‹

so ließ sie die Haare hinab. Der Königssohn stieg hinauf, aber er fand oben nicht seine liebste Rapunzel, sondern die Zauberin, die ihn mit bösen und giftigen Blicken ansah.

›Aha,‹ rief sie höhnisch, ›du willst die Frau Liebste holen, aber der schöne Vogel sitzt nicht mehr im Nest und singt nicht mehr, die Katze hat ihn geholt und wird dir auch noch die Augen auskratzen. Für dich ist Rapunzel verloren, du wirst sie nie wieder erblicken.‹ Der Königssohn gerieth ausser sich vor Schmerz, und in der Verzweiflung sprang er den Thurm herab: das Leben brachte er davon, aber die Dornen, in die er fiel, zerstachen ihm die Augen. Da irrte er blind im Walde umher, aß nichts als Wurzeln und Beeren, und that nichts als jammern und weinen über den Verlust seiner liebsten Frau. So wanderte er einige Jahre im Elend umher und gerieth endlich in die Wüstenei, wo Rapunzel mit den Zwillingen, die sie geboren hatte, einem Knaben und Mädchen, kümmerlich lebte. Er vernahm eine Stimme, und sie däuchte ihn so bekannt: da gieng er darauf zu, und wie er heran kam, erkannte ihn Rapunzel und fiel ihm um den Hals und weinte. Zwei von ihren Thränen aber benetzten seine Augen, da wurden sie wieder klar, und er konnte damit sehen wie sonst. Er führte sie in sein Reich, wo er mit Freude empfangen ward, und sie lebten noch lange glücklich und vergnügt.

Sneewittchen

Es war einmal mitten im Winter, und die Schneeflocken fielen wie Federn vom Himmel herab, da saß eine Königin an einem Fenster, das einen Rahmen von schwarzem Ebenholz hatte, und nähte. Und wie sie so nähte und nach dem Schnee aufblickte, stach sie sich mit der Nadel in den Finger, und es fielen drei Tropfen Blut in den Schnee. Und weil das Rothe im weißen Schnee so schön aussah, dachte sie bei sich ›hätt ich ein Kind so weiß wie Schnee, so roth wie Blut, und so schwarz wie das Holz an dem Rahmen.‹ Bald darauf bekam sie ein Töchterlein, das war so weiß wie Schnee, so roth wie Blut, und so schwarzhaarig wie Ebenholz, und ward darum das Sneewittchen (Schneeweißchen) genannt. Und wie das Kind geboren war, starb die Königin.

Über ein Jahr nahm sich der König eine andere Gemahlin. Es war eine schöne Frau, aber sie war stolz und übermüthig, und konnte nicht leiden daß sie an Schönheit von jemand sollte übertroffen werden. Sie hatte einen wunderbaren Spiegel, wenn sie vor den trat und sich darin beschaute, sprach sie

>Spieglein, Spieglein an der Wand,
wer ist die schönste im ganzen Land?<

so antwortete der Spiegel

>Frau Königin, ihr seid die schönste im Land.<

Da war sie zufrieden, denn sie wußte daß der Spiegel die Wahrheit sagte.

Sneewittchen aber wuchs heran, und wurde immer schöner, und als es sieben Jahr alt war, war es so schön, wie der klare Tag, und schöner als die Königin selbst. Als diese einmal ihren Spiegel fragte

>Spieglein, Spieglein an der Wand,
wer ist die schönste im ganzen Land?<

so antwortete er

>Frau Königin, ihr seid die schönste hier,
aber Sneewittchen ist tausendmal schöner als ihr.<

Da erschrack die Königin, und ward gelb und grün vor Neid. Von Stund an, wenn sie Sneewittchen erblickte, kehrte

Sneewittchen

sich ihr das Herz im Leibe herum, so haßte sie das Mädchen. Und der Neid und Hochmuth wuchsen wie ein Unkraut in ihrem Herzen immer höher, daß sie Tag und Nacht keine Ruhe mehr hatte. Da rief sie einen Jäger und sprach ›bring das Kind hinaus in den Wald, ich wills nicht mehr vor meinen Augen sehen. Du sollst es tödten, und mir Lunge und Leber zum Wahrzeichen mitbringen.‹ Der Jäger gehorchte und führte es hinaus, und als er den Hirschfänger gezogen hatte und Sneewittchens unschuldiges Herz durchbohren wollte, fieng es an zu weinen und sprach ›ach, lieber Jäger, laß mir mein Leben; ich will in den wilden Wald laufen und nimmermehr wieder heim kommen.‹ Und weil es so schön war, hatte der Jäger Mitleiden und sprach ›so lauf hin, du armes Kind.‹ ›Die wilden Thiere werden dich bald gefressen haben‹ dachte er, und doch wars ihm als wär ein Stein von seinem Herzen gewälzt, weil er es nicht zu tödten brauchte. Und als gerade ein junger Frischling daher gesprungen kam, stach er ihn ab, nahm Lunge und Leber heraus, und brachte sie als Wahrzeichen der Königin mit. Der Koch mußte sie in Salz kochen, und das boshafte Weib aß sie auf und meinte sie hätte Sneewittchens Lunge und Leber gegessen.

Märchen der Brüder Grimm

Nun war das arme Kind in dem großen Wald mutterseelig allein, und ward ihm so angst, daß es alle Blätter an den Bäumen ansah und nicht wußte wie es sich helfen sollte. Da fieng es an zu laufen und lief über die spitzen Steine und durch die Dornen, und die wilden Thiere sprangen an ihm vorbei, aber sie thaten ihm nichts. Es lief so lange nur die Füße noch fort konnten, bis es bald Abend werden wollte, da sah es ein kleines Häuschen und gieng hinein sich zu ruhen. In dem Häuschen war alles klein, aber so zierlich und reinlich, daß es nicht zu sagen ist. Da stand ein weiß gedecktes Tischlein mit sieben kleinen Tellern, jedes Tellerlein mit seinem Löffelein, ferner sieben Messerlein und Gäblein, und sieben Becherlein. An der Wand waren sieben Bettlein neben einander aufgestellt und schneeweiße Laken darüber gedeckt. Sneewittchen, weil es so hungrig und durstig war, aß von jedem Tellerlein ein wenig Gemüs und Brot, und trank aus jedem Becherlein einen Tropfen Wein; denn es wollte nicht einem allein alles wegnehmen. Hernach, weil es so müde war, legte es sich in ein Bettchen, aber keins paßte; das eine war zu lang, das andere zu kurz, bis endlich das siebente recht war: und darin blieb es liegen, befahl sich Gott und schlief ein.

Sneewittchen

Als es ganz dunkel geworden war, kamen die Herren von dem Häuslein, das waren die sieben Zwerge, die in den Bergen nach Erz hackten und gruben. Sie zündeten ihre sieben Lichtlein an, und wie es nun hell im Häuslein ward, sahen sie daß jemand darin gewesen war, denn es stand nicht alles so in der Ordnung, wie sie es verlassen hatten. Der erste sprach ›wer hat auf meinem Stühlchen gesessen?‹ Der zweite ›wer hat von meinem Tellerchen gegessen?‹ Der dritte ›wer hat von meinem Brötchen genommen?‹ Der vierte ›wer hat von meinem Gemüschen gegessen?‹ Der fünfte ›wer hat mit meinem Gäbelchen gestochen?‹ Der sechste ›wer hat mit meinem Messerchen geschnitten?‹ Der siebente ›wer hat aus meinem Becherlein getrunken?‹ Dann sah sich der erste um und sah daß auf seinem Bett eine kleine Dälle war, da sprach er ›wer hat in mein Bettchen getreten?‹ Die andern kamen gelaufen und riefen ›in meinem hat auch jemand gelegen.‹ Der siebente aber, als er in sein Bett sah, erblickte Sneewittchen, das lag darin und schlief. Nun rief er die andern, die kamen herbeigelaufen, und schrien vor Verwunderung, holten ihre sieben Lichtlein, und beleuchteten Sneewittchen. ›Ei, du mein Gott! ei, du mein Gott!‹ riefen sie, ›was ist das Kind so schön!‹ und hatten so große

Freude, daß sie es nicht aufweckten, sondern im Bettlein fortschlafen ließen. Der siebente Zwerg aber schlief bei seinen Gesellen, bei jedem eine Stunde, da war die Nacht herum.

Als es Morgen war, erwachte Sneewittchen, und wie es die sieben Zwerge sah, erschrack es. Sie waren aber freundlich und fragten ›wie heißt du?‹ ›Ich heiße Sneewittchen‹, antwortete es. ›Wie bist du in unser Haus gekommen?‹ sprachen weiter die Zwerge. Da erzählte es ihnen daß seine Stiefmutter es hätte wollen umbringen lassen, der Jäger hätte ihm aber das Leben geschenkt, und da wär es gelaufen den ganzen Tag, bis es endlich ihr Häuslein gefunden hätte. Die Zwerge sprachen ›willst du unsern Haushalt versehen, kochen, betten, waschen, nähen und stricken, und willst du alles ordentlich und reinlich halten, so kannst du bei uns bleiben, und es soll dir an nichts fehlen.‹ ›Ja,‹ sagte Sneewittchen, ›von Herzen gern,‹ und blieb bei ihnen. Es hielt ihnen das Haus in Ordnung: Morgens giengen sie in die Berge und suchten Erz und Gold, Abends kamen sie wieder, und da mußte ihr Essen bereit sein. Den Tag über war das Mädchen allein, da warnten es die guten Zwerglein und sprachen ›hüte dich vor deiner Stiefmutter, die wird bald wissen daß du hier bist; laß ja niemand herein.‹

Sneewittchen

Die Königin aber, nachdem sie Sneewittchens Lunge und Leber glaubte gegessen zu haben, dachte nicht anders als sie wäre wieder die erste und allerschönste, trat vor ihren Spiegel und sprach

›Spieglein, Spieglein an der Wand,
wer ist die schönste im ganzen Land?‹

Da antwortete der Spiegel

›Frau Königin, ihr seid die schönste hier,
aber Sneewittchen über den Bergen
bei den sieben Zwergen
ist noch tausendmal schöner als ihr.‹

Da erschrack sie, denn sie wußte, daß der Spiegel keine Unwahrheit sprach, und merkte daß der Jäger sie betrogen hatte, und Sneewittchen noch am Leben war. Und da sann und sann sie aufs neue, wie sie es umbringen wollte; denn so lange sie nicht die schönste war im ganzen Land, ließ ihr der Neid keine Ruhe. Und als sie sich endlich etwas ausgedacht hatte, färbte sie sich das Gesicht, und kleidete sich wie eine alte Krämerin, und war ganz unkenntlich. In dieser Gestalt gieng sie über die sieben Berge zu den sieben Zwergen, klopfte an die Thüre, und rief ›schöne Waare feil! feil!‹ Sneewittchen guckte zum Fenster heraus und rief ›guten Tag, liebe Frau, was habt ihr zu verkaufen?‹ ›Gute Waare, schöne Waare,‹ antwortete sie, ›Schnürriemen von allen Farben,‹ und holte einen hervor, der aus bunter Seide geflochten war. ›Die ehrliche Frau kann ich herein lassen‹ dachte Sneewittchen, riegelte die Thüre auf und kaufte sich den hübschen Schnürriemen. ›Kind,‹ sprach die Alte, ›wie du aussiehst! komm, ich will dich einmal ordentlich schnüren.‹ Sneewittchen hatte kein Arg, stellte sich vor sie, und ließ sich mit dem neuen Schnürriemen schnüren: aber die Alte schnürte geschwind und schnürte so fest, daß dem Sneewittchen der Athem vergieng, und es für todt hinfiel. ›Nun bist du die schönste gewesen‹ sprach sie, und eilte hinaus.

Nicht lange darauf, zur Abendzeit, kamen die sieben Zwerge nach Haus, aber wie erschraken sie, als sie ihr liebes Sneewittchen auf der Erde liegen sahen; und es regte und bewegte sich nicht, als wäre es todt. Sie hoben es in die Höhe, und weil sie sahen daß es zu fest geschnürt war, schnitten sie den Schnürriemen entzwei: da fieng es an ein wenig zu athmen, und ward nach und nach wieder lebendig. Als die Zwerge hörten was geschehen war, sprachen sie, ›die

Sneewittchen

alte Krämerfrau war niemand als die gottlose Königin: hüte dich und laß keinen Menschen herein, wenn wir nicht bei dir sind.‹

Das böse Weib aber, als es nach Haus gekommen war, gieng vor den Spiegel und fragte

›Spieglein, Spieglein an der Wand,
wer ist die schönste im ganzen Land?‹

Da antwortete er wie sonst

›Frau Königin, ihr seid die schönste hier,
aber Sneewittchen über den Bergen
bei den sieben Zwergen
ist noch tausendmal schöner als ihr.‹

Als sie das hörte, lief ihr alles Blut zum Herzen, so erschrack sie, denn sie sah wohl daß Sneewittchen wieder lebendig geworden war. ›Nun aber,‹ sprach sie, ›will ich etwas aussinnen, das dich zu Grunde richten soll,‹ und mit Hexenkünsten, die sie verstand, machte sie einen giftigen Kamm. Dann verkleidete sie sich und nahm die Gestalt eines andern alten Weibes an. So gieng sie hin über die sieben Berge zu den sieben Zwergen, klopfte an die Thüre, und rief ›gute

Waare feil! feil!‹ Sneewittchen schaute heraus und sprach ›geht nur weiter, ich darf niemand hereinlassen.‹ ›Das Ansehen wird dir doch erlaubt sein‹ sprach die Alte, zog den giftigen Kamm heraus und hielt ihn in die Höhe. Da gefiel er dem Kinde so gut, daß es sich bethören ließ und die Thüre öffnete. Als sie des Kaufs einig waren, sprach die Alte ›nun will ich dich einmal ordentlich kämmen.‹ Das arme Sneewittchen dachte an nichts, und ließ die Alte gewähren, aber kaum hatte sie den Kamm in die Haare gesteckt, als das Gift darin wirkte, und das Mädchen ohne Besinnung niederfiel. ›Du Ausbund von Schönheit‹, sprach das boshafte Weib, ›jetzt ists um dich geschehen,‹ und gieng fort. Zum Glück aber war es bald Abend, wo die sieben Zwerglein nach Haus kamen. Als sie Sneewittchen wie todt auf der Erde liegen sahen, hatten sie gleich die Stiefmutter in Verdacht, suchten nach, und fanden den giftigen Kamm, und kaum hatten sie ihn herausgezogen, so kam Sneewittchen wieder zu sich, und erzählte was vorgegangen war. Da warnten sie es noch einmal auf seiner Hut zu sein und niemand die Thüre zu öffnen.

Die Königin stellte sich daheim vor den Spiegel und sprach

Sneewittchen

›Spieglein, Spieglein an der Wand,
wer ist die schönste im ganzen Land?‹

Da antwortete er, wie vorher,

›Frau Königin, ihr seid die schönste hier,
aber Sneewittchen über den Bergen
bei den sieben Zwergen
ist doch noch tausendmal schöner als ihr.‹

Als sie den Spiegel so reden hörte, zitterte und bebte sie vor Zorn. ›Sneewittchen soll sterben,‹ rief sie, ›und wenn es mein eignes Leben kostet.‹ Darauf gieng sie in eine ganz verborgene einsame Kammer, wo niemand hinkam, und machte da einen giftigen giftigen Apfel. Äußerlich sah er schön aus, weiß mit rothen Backen, daß jeder, der ihn erblickte, Lust danach bekam, aber wer ein Stückchen davon aß, der mußte sterben. Als der Apfel fertig war, färbte sie sich das Gesicht, und verkleidete sich in eine Bauersfrau, und so gieng sie über die sieben Berge zu den sieben Zwergen. Sie klopfte an, Sneewittchen streckte den Kopf zum Fenster heraus, und sprach ›ich darf keinen Menschen einlassen, die sieben Zwerge haben mirs verboten.‹ ›Mir auch recht,‹

antwortete die Bäurin, ›meine Äpfel will ich schon los
werden. Da, einen will ich dir schenken.‹ ›Nein,‹ sprach
Sneewittchen, ›ich darf nichts annehmen.‹ ›Fürchtest du
dich vor Gift?‹ sprach die Alte, ›siehst du, da schneide ich
den Apfel in zwei Theile; den rothen Backen iß du, den
weißen will ich essen.‹ Der Apfel war aber so künstlich
gemacht, daß der rothe Backen allein vergiftet war. Sneewittchen lusterte den schönen Apfel an, und als es sah, daß
die Bäurin davon aß, so konnte es nicht länger widerstehen,
streckte die Hand hinaus und nahm die giftige Hälfte. Kaum
aber hatte es einen Bissen davon im Mund, so fiel es todt
zur Erde nieder. Da betrachtete es die Königin mit grausigen
Blicken und lachte überlaut, und sprach ›weiß wie Schnee,
roth wie Blut, schwarz wie Ebenholz! diesmal können dich
die Zwerge nicht wieder erwecken.‹ Und als sie daheim den
Spiegel befragte,

> ›Spieglein, Spieglein an der Wand,
>   wer ist die schönste im ganzen Land?‹

so antwortete er endlich

> ›Frau Königin, ihr seid die schönste im Land.‹

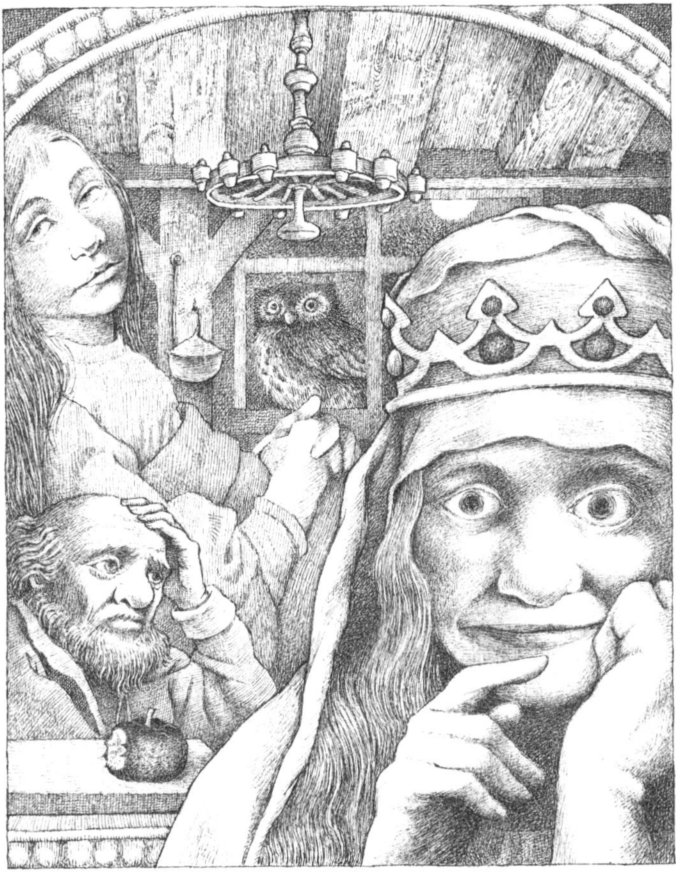

Sneewittchen

Da hatte ihr neidisches Herz Ruhe, so gut ein neidisches Herz Ruhe haben kann.

Die Zwerglein, wie sie Abends nach Haus kamen, fanden Sneewittchen auf der Erde liegen, und es gieng kein Athem mehr aus seinem Mund, und es war todt. Sie hoben es auf, suchten ob sie was giftiges fänden, schnürten es auf, kämmten ihm die Haare, wuschen es mit Wasser und Wein, aber es half alles nichts; das liebe Kind war todt und blieb todt. Sie legten es auf eine Bahre und setzten sich alle siebene daran und beweinten es, und weinten drei Tage lang. Da wollten sie es begraben, aber es sah noch so frisch aus wie ein lebender Mensch, und hatte noch seine schönen rothen Backen. Sie sprachen ›das können wir nicht in die schwarze Erde versenken,‹ und ließen einen durchsichtigen Sarg von Glas machen, daß man es von allen Seiten sehen konnte, legten es hinein, und schrieben mit goldenen Buchstaben seinen Namen darauf, und daß es eine Königstochter wäre. Dann setzten sie den Sarg hinaus auf den Berg, und einer von ihnen blieb immer dabei, und bewachte ihn. Und die Thiere kamen auch und beweinten Sneewittchen, erst eine Eule, dann ein Rabe, zuletzt ein Täubchen.

Nun lag Sneewittchen lange lange Zeit in dem Sarg und verweste nicht, sondern sah aus als wenn es schliefe, denn es war noch so weiß als Schnee, so roth als Blut, und so schwarzhaarig wie Ebenholz. Es geschah aber, daß ein Königssohn in den Wald gerieth und zu dem Zwergenhaus kam, da zu übernachten. Er sah auf dem Berg den Sarg, und das schöne Sneewittchen darin, und las was mit goldenen Buchstaben darauf geschrieben war. Da sprach er zu den Zwergen ›laßt mir den Sarg, ich will euch geben, was ihr dafür haben wollt.‹ Aber die Zwerge antworteten ›wir geben ihn nicht um alles Gold in der Welt.‹ Da sprach er ›so schenkt mir ihn, denn ich kann nicht leben ohne Sneewittchen zu sehen, ich will es ehren und hochachten wie mein Liebstes.‹ Wie er so sprach, empfanden die guten Zwerglein Mitleiden mit ihm und gaben ihm den Sarg. Der Königssohn ließ ihn nun von seinen Dienern auf den Schultern forttragen. Da geschah es, daß sie über einen Strauch stolperten, und von dem Schüttern fuhr der giftige Apfelgrütz, den Sneewittchen abgebissen hatte, aus dem Hals. Und nicht lange so öffnete es die Augen, hob den Deckel vom Sarg in die Höhe, und richtete sich auf, und war wieder lebendig. ›Ach Gott, wo bin ich?‹ rief es. Der Königssohn sagte voll

Sneewittchen

Freude ›du bist bei mir,‹ und erzählte was sich zugetragen hatte und sprach ›ich habe dich lieber als alles auf der Welt; komm mit mir in meines Vaters Schloß, du sollst meine Gemahlin werden.‹ Da war ihm Sneewittchen gut und gieng mit ihm, und ihre Hochzeit ward mit großer Pracht und Herrlichkeit angeordnet.

Zu dem Fest wurde aber auch Sneewittchens gottlose Stiefmutter eingeladen. Wie sie sich nun mit schönen Kleidern angethan hatte, trat sie vor den Spiegel und sprach

›Spieglein, Spieglein an der Wand,
wer ist die schönste im ganzen Land?‹

Der Spiegel antwortete

›Frau Königin, ihr seid die schönste hier,
aber die junge Königin ist tausendmal schöner als ihr.‹

Da stieß das böse Weib einen Fluch aus, und ward ihr so angst, so angst, daß sie sich nicht zu lassen wußte. Sie wollte zuerst gar nicht auf die Hochzeit kommen: doch ließ es ihr keine Ruhe, sie mußte fort und die junge Königin sehen. Und wie sie hineintrat, erkannte sie Sneewittchen, und vor Angst und Schrecken stand sie da und konnte sich nicht regen. Aber es waren schon eiserne Pantoffeln über Kohlenfeuer gestellt und wurden mit Zangen hereingetragen und vor sie hingestellt. Da mußte sie in die rothglühenden Schuhe treten und so lange tanzen, bis sie todt zur Erde fiel.

Häsichenbraut

Et was ene Frou mit ener Toachter in änen schöhnen Goarten mit Koal; dahin kam än Häsichen und froaß zo Werterszit allen Koal. Da seit de Frou zur Toachter ›gäh in den Goarten, und jags Häsichen.‹ Seits Mäken zum Häsichen ›schu! schu! du Häsichen, frißt noch allen Koal.‹ Seits Häsichen ›kumm, Mäken, und sett dich uf min Haosenschwänzeken und kumm mit in min Haosenhüttchen.‹ Mäken well nech. Am annern Tog kummts Häsichen weder und frißt den Koal, do seit de Frou zur Toachter ›gäh in den Goarten, und jags Häsichen.‹ Seits Mäken zum Häsichen ›schu! schu! du Häsichen, frißt noch allen Koal.‹ Seits Häsichen ›kumm, Mäken, sett dich uf min Haosenschwänzeken und kumm mit mer in min Haosenhüttchen.‹ Mäken well nech. Am dretten Tog kummts Häsichen weder und frißt den Koal. Do seit de Frou zur Toachter ›gäh in den Goarten und jags Häsichen.‹ Seits Mäken ›schu! schu! du Häsichen, frißt noch allen Koal.‹ Seits Häsichen ›kumm, Mäken, sett dich uf min Haosenschwänzeken und kumm mit mer in min Haosenhüttchen.‹ Mäken sätzt sich uf den Haosenschwänzeken, do brachts Häsichen weit raus in sin Hüttchen und seit ›nu koach Grinkoal und Hersche (Hirse), ick well de Hochtidlüd beten.‹ Do kamen alle Hochtidlüd zusam'm. (Wer waren dann die Hochzeitsleute? das kann ich dir sagen, wie mirs ein anderer erzählt hat: das waren alle Hasen, und die Krähe war als Pfarrer dabei, die Brautleute zu trauen, und der Fuchs als Küster, und der Altar war unterm Regenbogen).

Mäken aober was trurig, da se so alleene was. Kummts Häsichen und seit ›thu uf, thu uf, de Hochtidlüt senn fresch (frisch, lustig).‹ De Braut seit nischt und wint. Häsichen gäht fort, Häsichen kummt weder und seit ›thu uf, thu uf, de Hochtidlüt senn hongrig.‹ De Braut seit weder nischt und wint. Häsichen gäht fort, Häsichen kummt und seit ›thu uf, thu uf, de Hochtidlüt waorten.‹ Do seit de Braut nischt und Häsichen gäht fort, aober se macht ene Puppen von Stroah met eren Kleedern, und giebt er eenen Röhrleppel, und set se an den Kessel med Hersche, und gäht zor Motter. Häsi-

Häsichenbraut

chen kummt noch ämahl und seit ›thu uf, thu uf,‹ und macht uf und smet de Puppe an Kopp, daß er de Hube abfällt.

Do set Häsichen daß sine Braut nech es un gäht fort und es trurig.

Die beiden Wanderer

Berg und Thal begegnen sich nicht, wohl aber die Menschenkinder, zumal gute und böse. So kam auch einmal ein Schuster und ein Schneider auf der Wanderschaft zusammen. Der Schneider war ein kleiner hübscher Kerl und war immer lustig und guter Dinge. Er sah den Schuster von der andern Seite heran kommen, und da er an seinem Felleisen merkte was er für ein Handwerk trieb, rief er ihm ein Spottliedchen zu,

>nähe mir die Naht,
ziehe mir den Draht,
streich ihn rechts und links mit Pech,
schlag, schlag mir fest den Zweck.‹

Der Schuster aber konnte keinen Spaß vertragen, er verzog ein Gesicht, als wenn er Essig getrunken hätte, und machte Miene das Schneiderlein am Kragen zu packen. Der kleine

Die beiden Wanderer

Kerl fieng aber an zu lachen, reichte ihm seine Flasche und sprach ›es ist nicht bös gemeint, trink einmal und schluck die Galle hinunter.‹ Der Schuster that einen gewaltigen Schluck, und das Gewitter auf seinem Gesicht fieng an sich zu verziehen. Er gab dem Schneider die Flasche zurück und sprach ›ich habe ihr ordentlich zugesprochen, man sagt wohl vom vielen Trinken aber nicht vom großen Durst. Wollen wir zusammen wandern?‹ ›Mir ists recht,‹ antwortete der Schneider, ›wenn du nur Lust hast in eine große Stadt zu gehen, wo es nicht an Arbeit fehlt.‹ ›Gerade dahin wollte ich auch,‹ antwortete der Schuster, ›in einem kleinen Nest ist nichts zu verdienen, und auf dem Lande gehen die Leute lieber barfuß.‹ Sie wanderten also zusammen weiter und setzten immer einen Fuß vor den andern wie die Wiesel im Schnee.

Zeit genug hatten sie beide, aber wenig zu beißen und zu brechen. Wenn sie in eine Stadt kamen, so giengen sie umher und grüßten das Handwerk, und weil das Schneiderlein so frisch und munter aussah und so hübsche rothe Backen hatte, so gab ihm jeder gerne, und wenn das Glück gut war, so gab ihm die Meistertochter unter der Hausthüre auch noch einen Kuß auf den Weg. Wenn er mit dem Schuster wieder zusammen traf, so hatte er immer mehr in seinem Bündel. Der griesgrämige Schuster schnitt ein schiefes Gesicht und meinte ›je größer der Schelm, je größer das Glück.‹ Aber der Schneider fieng an zu lachen und zu singen, und theilte alles, was er bekam, mit seinem Kameraden. Klingelten nun ein paar Groschen in seiner Tasche, so ließ er auftragen, schlug vor Freude auf den Tisch daß die Gläser tanzten, und es hieß bei ihm ›leicht verdient und leicht verthan.‹

Als sie eine Zeitlang gewandert waren, kamen sie an einen großen Wald, durch welchen der Weg nach der Königsstadt gieng. Es führten aber zwei Fußsteige hindurch, davon war der eine sieben Tage lang, der andere nur zwei Tage, aber niemand von ihnen wußte, welcher der kürzere Weg war. Die zwei Wanderer setzten sich unter einen Eichenbaum und rathschlagten wie sie sich vorsehen und für wie viel Tage sie Brot mitnehmen wollten. Der Schuster sagte ›man muß weiter denken als man geht, ich will für sieben Tage Brot mit nehmen.‹ ›Was,‹ sagte der Schneider, ›für sieben Tage Brot auf den Rücken schleppen wie ein Lastthier und sich nicht umschauen? ich halte mich an Gott und kehre mich an nichts. Das Geld, das ich in der Tasche habe, das ist im Sommer so gut als im Winter, aber das Brot

Die beiden Wanderer

wird in der heißen Zeit trocken und obendrein schimmelig. Mein Rock geht auch nicht länger als auf die Knöchel. Warum sollen wir den richtigen Weg nicht finden? Für zwei Tage Brot und damit gut.‹ Es kaufte sich also ein jeder sein Brot, und dann giengen sie auf gut Glück in den Wald hinein.

In dem Wald war es so still wie in einer Kirche. Kein Wind wehte, kein Bach rauschte, kein Vogel sang, und durch die dichtbelaubten Äste drang kein Sonnenstrahl. Der Schuster sprach kein Wort, ihn drückte das schwere Brot auf dem Rücken, daß ihm der Schweiß über sein verdrießliches und finsteres Gesicht herabfloß. Der Schneider aber war ganz munter, sprang daher, pfiff auf einem Blatt oder sang ein Liedchen, und dachte ›Gott im Himmel muß sich freuen daß ich so lustig bin.‹ Zwei Tage gieng das so fort, aber als am dritten Tag der Wald kein Ende nehmen wollte, und der Schneider sein Brot aufgegessen hatte, so fiel ihm das Herz doch eine Elle tiefer herab: indessen verlor er nicht den Muth, sondern verließ sich auf Gott und auf sein Glück. Den dritten Tag legte er sich Abends hungrig unter einen Baum und stieg den andern Morgen hungrig wieder auf. So gieng es auch den vierten Tag, und wenn der Schuster sich auf einen umgestürzten Baum setzte, und seine Mahlzeit verzehrte, so blieb dem Schneider nichts als das Zusehen. Bat er um ein Stückchen Brot, so lachte der andere höhnisch und sagte ›du bist immer so lustig gewesen, da kannst du auch einmal versuchen wies thut wenn man unlustig ist: die Vögel die Morgens zu früh singen, die stößt Abends der Habicht,‹ kurz, er war ohne Barmherzigkeit. Aber am fünften Morgen konnte der arme Schneider nicht mehr aufstehen und vor Mattigkeit kaum ein Wort herausbringen; die Backen waren ihm weiß und die Augen roth. Da sagte der Schuster zu ihm ›ich will dir heute ein Stück Brot geben, aber dafür will ich dir dein rechtes Auge ausstechen.‹ Der unglückliche Schneider, der doch gerne sein Leben erhalten wollte, konnte sich nicht anders helfen: er weinte noch einmal mit beiden Augen und hielt sie dann hin, und der Schuster, der ein Herz von Stein hatte, stach ihm mit einem scharfen Messer das rechte Auge aus. Dem Schneider kam in den Sinn was ihm sonst seine Mutter gesagt hatte, wenn er in der Speisekammer genascht hatte ›essen so viel man mag, und leiden was man muß.‹ Als er sein theuer bezahltes Brot verzehrt hatte, machte er sich wieder auf die Beine, vergaß sein Unglück und tröstete sich damit daß er mit einem Auge noch immer genug sehen könnte. Aber am

Die beiden Wanderer

sechsten Tag meldete sich der Hunger aufs neue und zehrte ihm fast das Herz auf. Er fiel Abends bei einem Baum nieder, und am siebenten Morgen konnte er sich vor Mattigkeit nicht erheben, und der Tod saß ihm im Nacken. Da sagte der Schuster ›ich will Barmherzigkeit ausüben und dir nochmals Brot geben; umsonst bekommst du es nicht, ich steche dir dafür das andere Auge noch aus.‹ Da erkannte der Schneider sein leichtsinniges Leben, bat den lieben Gott um Verzeihung und sprach ›thue was du mußt, ich will leiden was ich muß; aber bedenke daß unser Herrgott nicht jeden Augenblick richtet und daß eine andere Stunde kommt, wo die böse That vergolten wird, die du an mir verübst und die ich nicht an dir verdient habe. Ich habe in guten Tagen mit dir getheilt was ich hatte. Mein Handwerk ist der Art daß Stich muß Stich vertreiben. Wenn ich keine Augen mehr habe, und nicht mehr nähen kann, so muß ich betteln gehen. Laß mich nur, wenn ich blind bin, hier nicht allein liegen, sonst muß ich verschmachten.‹ Der Schuster aber, der Gott aus seinem Herzen vertrieben hatte, nahm das Messer und stach ihm noch das linke Auge aus. Dann gab er ihm ein Stück Brot zu essen, reichte ihm einen Stock und führte ihn hinter sich her.

Als die Sonne untergieng, kamen sie aus dem Wald, und vor dem Wald auf dem Feld stand ein Galgen. Dahin leitete der Schuster den blinden Schneider, ließ ihn dann liegen und gieng seiner Wege. Vor Müdigkeit, Schmerz und Hunger schlief der Unglückliche ein und schlief die ganze Nacht. Als der Tag dämmerte, erwachte er, wußte aber nicht wo er lag. An dem Galgen hiengen zwei arme Sünder, und auf dem Kopfe eines jeden saß eine Krähe. Da fieng der eine an zu sprechen ›Bruder, wachst du?‹ ›Ja, ich wache‹ antwortete der zweite. ›So will ich dir etwas sagen,‹ fieng der erste wieder an, ›der Thau der heute Nacht über uns vom Galgen herabgefallen ist, der gibt jedem, der sich damit wäscht, die Augen wieder. Wenn das die Blinden wüßten, wie mancher könnte sein Gesicht wieder haben, der nicht glaubt daß das möglich sei.‹ Als der Schneider das hörte, nahm er sein Taschentuch, drückte es auf das Gras, und als es mit dem Thau befeuchtet war, wusch er seine Augenhöhlen damit. Alsbald gieng in Erfüllung was der Gehenkte gesagt hatte, und ein paar frische und gesunde Augen füllten die Höhlen. Es dauerte nicht lange, so sah der Schneider die Sonne hinter den Bergen aufsteigen: vor ihm in der Ebene lag die große Königsstadt mit ihren prächtigen Thoren und

Die beiden Wanderer

hundert Thürmen, und die goldenen Knöpfe und Kreuze die auf den Spitzen standen, fiengen an zu glühen. Er unterschied jedes Blatt an den Bäumen, erblickte die Vögel, die vorbei flogen, und die Mücken, die in der Luft tanzten. Er holte eine Nähnadel aus der Tasche, und als er den Zwirn einfädeln konnte, so gut als er es je gekonnt hatte, so sprang sein Herz vor Freude. Er warf sich auf seine Knie, dankte Gott für die erwiesene Gnade und sprach seinen Morgensegen: er vergaß auch nicht für die armen Sünder zu bitten, die da hiengen, wie der Schwengel in der Glocke, und die der Wind aneinander schlug. Dann nahm er seinen Bündel auf den Rücken, vergaß bald das ausgestandene Herzeleid und gieng unter Singen und Pfeifen weiter.

Das erste was ihm begegnete, war ein braunes Füllen, das frei im Felde herumsprang. Er packte es an der Mähne, wollte sich aufschwingen und in die Stadt reiten. Das Füllen aber bat um seine Freiheit: ›ich bin noch zu jung,‹ sprach es, ›auch ein leichter Schneider wie du bricht mir den Rücken entzwei, laß mich laufen bis ich stark geworden bin. Es kommt vielleicht eine Zeit, wo ich dirs lohnen kann.‹ ›Lauf hin,‹ sagte der Schneider, ›ich sehe du bist auch so ein Springinsfeld.‹ Er gab ihm noch einen Hieb mit der Gerte über den Rücken, daß es vor Freude mit den Hinterbeinen ausschlug, über Hecken und Gräben setzte und in das Feld hineinjagte.

Aber das Schneiderlein hatte seit gestern nichts gegessen. ›Die Sonne,‹ sprach er, ›füllt mir zwar die Augen, aber das Brot nicht den Mund. Das erste was mir begegnet und halbweg genießbar ist, das muß herhalten.‹ Indem schritt ein Storch ganz ernsthaft über die Wiese daher. ›Halt, halt,‹ rief der Schneider und packte ihn am Bein, ›ich weiß nicht ob du zu genießen bist, aber mein Hunger erlaubt mir keine lange Wahl, ich muß dir den Kopf abschneiden und dich braten.‹ ›Thue das nicht,‹ antwortete der Storch, ›ich bin ein heiliger Vogel, dem niemand ein Leid zufügt, und der den Menschen großen Nutzen bringt. Läßt du mir mein Leben, so kann ich dirs ein andermal vergelten.‹ ›So zieh ab, Vetter Langbein‹ sagte der Schneider. Der Storch erhob sich, ließ die langen Beine hängen und flog gemächlich fort.

›Was soll daraus werden?‹ sagte der Schneider zu sich selbst, ›mein Hunger wird immer größer und mein Magen immer leerer. Was mir jetzt in den Weg kommt, das ist verloren.‹ Indem sah er auf einem Teich ein paar junge Enten daher schwimmen. ›Ihr kommt ja wie gerufen,‹ sagte er,

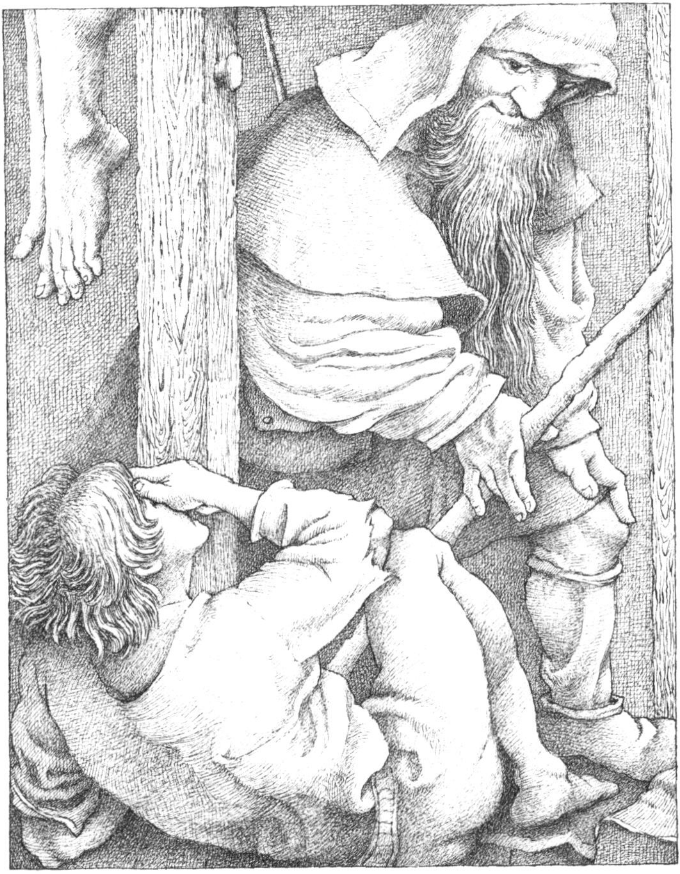

Die beiden Wanderer

packte eine davon, und wollte ihr den Hals umdrehen. Da fieng eine alte Ente, die in dem Schilf steckte, laut an zu kreischen, schwamm mit aufgesperrtem Schnabel herbei und bat ihn flehentlich sich ihrer lieben Kinder zu erbarmen. ›Denkst du nicht,‹ sagte sie, ›wie deine Mutter jammern würde, wenn dich einer wegholen und dir den Garaus machen wollte.‹ ›Sei nur still,‹ sagte der gutmüthige Schneider, ›du sollst deine Kinder behalten,‹ und setzte die Gefangene wieder ins Wasser.

Als er sich umkehrte, stand er vor einem alten Baum, der halb hohl war, und sah die wilden Bienen aus- und einfliegen. ›Da finde ich gleich den Lohn für meine gute That‹ sagte der Schneider, ›der Honig wird mich laben.‹ Aber der Weisel kam heraus, drohte und sprach ›wenn du mein Volk anrührst und mein Nest zerstörst, so sollen dir unsere Stacheln wie zehntausend glühende Nadeln in die Haut fahren. Läßt du uns aber in Ruhe und gehst deiner Wege, so wollen wir dir ein andermal dafür einen Dienst leisten.‹

Das Schneiderlein sah daß auch hier nichts anzufangen war. ›Drei Schüsseln leer,‹ sagte er, ›und auf der vierten nichts, das ist eine schlechte Mahlzeit.‹ Er schleppte sich also mit seinem ausgehungerten Magen in die Stadt, und da es eben zu Mittag läutete, so war für ihn im Gasthaus schon gekocht und er konnte sich gleich zu Tisch setzen. Als er satt war, sagte er ›nun will ich auch arbeiten.‹ Er gieng in der Stadt umher, suchte einen Meister und fand auch bald ein gutes Unterkommen. Da er aber sein Handwerk von Grund aus gelernt hatte, so dauerte es nicht lange, er ward berühmt, und jeder wollte seinen neuen Rock von dem kleinen Schneider gemacht haben. Alle Tage nahm sein Ansehen zu. ›Ich kann in meiner Kunst nicht weiter kommen,‹ sprach er, ›und doch gehts jeden Tag besser.‹ Endlich bestellte ihn der König zu seinem Hofschneider.

Aber wies in der Welt geht. An demselben Tag war sein ehemaliger Kamerad, der Schuster, auch Hofschuster geworden. Als dieser den Schneider erblickte und sah daß er wieder zwei gesunde Augen hatte, so peinigte ihn das Gewissen. ›Ehe er Rache an mir nimmt,‹ dachte er bei sich selbst, ›muß ich ihm eine Grube graben.‹ Wer aber andern eine Grube gräbt, fällt selbst hinein. Abends, als er Feierabend gemacht hatte, und es dämmerig geworden war, schlich er sich zu dem König und sagte ›Herr König, der Schneider ist ein übermüthiger Mensch, und hat sich vermessen er wollte die goldene Krone wieder herbei schaffen,

Die beiden Wanderer

die vor alten Zeiten ist verloren gegangen.‹ ›Das sollte mir lieb sein‹ sprach der König, ließ den Schneider am andern Morgen vor sich fordern und befahl ihm die Krone wieder herbeizuschaffen, oder für immer die Stadt zu verlassen. ›Oho,‹ dachte der Schneider, ›ein Schelm gibt mehr als er hat. Wenn der murrköpfige König von mir verlangt was kein Mensch leisten kann, so will ich nicht warten bis morgen, sondern gleich heute wieder zur Stadt hinaus wandern.‹ Er schnürte also sein Bündel, als er aber aus dem Thor heraus war, so that es ihm doch leid daß er sein Glück aufgeben und die Stadt, in der es ihm so wohl gegangen war, mit dem Rücken ansehen sollte. Er kam zu dem Teich, wo er mit den Enten Bekanntschaft gemacht hatte, da saß gerade die Alte, der er ihre Jungen gelassen hatte, am Ufer und putzte sich mit dem Schnabel. Sie erkannte ihn gleich, und fragte warum er den Kopf so hängen lasse. ›Du wirst dich nicht wundern, wenn du hörst was mir begegnet ist‹ antwortete der Schneider und erzählte ihr sein Schicksal. ›Wenns weiter nichts ist,‹ sagte die Ente, ›da können wir Rath schaffen. Die Krone ist ins Wasser gefallen und liegt unten auf dem Grund, wie bald haben wir sie wieder heraufgeholt. Breite nur derweil dein Taschentuch ans Ufer aus.‹

Sie tauchte mit ihren zwölf Jungen unter, und nach fünf Minuten war sie wieder oben und saß mitten in der Krone, die auf ihren Fittigen ruhte, und die zwölf Jungen schwammen rund herum, hatten ihre Schnäbel untergelegt und halfen tragen. Sie schwammen ans Land und legten die Krone auf das Tuch. Du glaubst nicht wie prächtig die Krone war, wenn die Sonne darauf schien, so glänzte sie wie hunderttausend Karfunkelsteine. Der Schneider band sein Tuch mit den vier Zipfeln zusammen und trug sie zum König, der in einer Freude war und dem Schneider eine goldene Kette um den Hals hieng.

Als der Schuster sah daß der eine Streich mislungen war, so besann er sich auf einen zweiten, trat vor den König und sprach ›Herr König, der Schneider ist wieder so übermüthig geworden, er vermißt sich das ganze königliche Schloß mit allem was darin ist, los und fest, innen und außen, in Wachs abzubilden.‹ Der König ließ den Schneider kommen und befahl ihm das ganze königliche Schloß mit allem was darin wäre, los und fest, innen und außen, in Wachs abzubilden und wenn er es nicht zu Stande brächte, oder es fehlte nur ein Nagel an der Wand, so sollte er zeitlebens unter der Erde gefangen sitzen. Der Schneider dachte ›es kommt

Die beiden Wanderer

immer ärger, das hält kein Mensch aus,‹ warf sein Bündel auf den Rücken und wanderte fort. Als er an den hohlen Baum kam, setzte er sich nieder und ließ den Kopf hängen. Die Bienen kamen heraus geflogen, und der Weisel fragte ihn ob er einen steifen Hals hätte, weil er den Kopf so schief hielt. ›Ach nein,‹ antwortete der Schneider, ›mich drückt etwas anderes,‹ und erzählte was der König von ihm gefordert hatte. Die Bienen fiengen an unter einander zu summen und zu brummen, und der Weisel sprach ›geh nur wieder nach Haus, komm aber Morgen um diese Zeit wieder und bring ein großes Tuch mit, so wird alles gut gehen.‹ Da kehrte er wieder um, die Bienen aber flogen nach dem königlichen Schloß geradezu in die offenen Fenster hinein, krochen in allen Ecken herum und besahen alles aufs genauste. Dann liefen sie zurück und bildeten das Schloß in Wachs nach mit einer solchen Geschwindigkeit, daß man meinte es wüchse einem vor den Augen. Schon am Abend war alles fertig, und als der Schneider am folgenden Morgen kam, so stand das ganze prächtige Gebäude da, und es fehlte kein Nagel an der Wand und keine Ziegel auf dem Dach; dabei war es zart und schneeweiß, und roch süß wie Honig. Der Schneider packte es vorsichtig in sein Tuch und brachte es dem König, der aber konnte sich nicht genug verwundern, stellte es in seinem größten Saal auf und schenkte dem Schneider dafür ein großes steinernes Haus.

Der Schuster aber ließ nicht nach, gieng zum drittenmal zu dem König und sprach ›Herr König, dem Schneider ist zu Ohren gekommen daß auf dem Schloßhof kein Wasser springen will, da hat er sich vermessen es solle mitten im Hof mannshoch aufsteigen und hell sein wie Krystall.‹ Da ließ der König den Schneider herbei holen und sagte ›wenn nicht Morgen ein Strahl von Wasser in meinem Hof springt, wie du versprochen hast, so soll dich der Scharfrichter auf demselben Hof um einen Kopf kürzer machen.‹ Der arme Schneider besann sich nicht lange und eilte zum Thore hinaus, und weil es ihm diesmal ans Leben gehen sollte, so rollten ihm die Thränen über die Backen herab. Indem er so voll Trauer dahin gieng, kam das Füllen herangesprungen, dem er einmal die Freiheit geschenkt hatte, und aus dem ein hübscher Brauner geworden war. ›Jetzt kommt die Stunde,‹ sprach er zu ihm, ›wo ich dir deine Gutthat vergelten kann. Ich weiß schon was dir fehlt, aber es soll dir bald geholfen werden, sitz nur auf, mein Rücken kann deiner zwei tragen.‹ Dem Schneider kam das Herz wieder, er

Die beiden Wanderer

sprang in einem Satz auf, und das Pferd rennte in vollem Lauf zur Stadt hinein und geradezu auf den Schloßhof. Da jagte es dreimal rund herum, schnell wie der Blitz und beim drittenmal stürzte es nieder. In dem Augenblick aber krachte es furchtbar: ein Stück Erde sprang in der Mitte des Hofs wie eine Kugel in die Luft und über das Schloß hinaus, und gleich dahinter her erhob sich ein Strahl von Wasser so hoch wie Mann und Pferd, und das Wasser war so rein wie Krystall, und die Sonnenstrahlen fiengen an darauf zu tanzen. Als der König das sah, stand er vor Verwunderung auf, gieng und umarmte das Schneiderlein im Angesicht aller Menschen.

Aber das Glück dauerte nicht lang. Der König hatte Töchter genug, eine immer schöner als die andere, aber keinen Sohn. Da begab sich der boshafte Schuster zum viertenmal zu dem Könige, und sprach ›Herr König, der Schneider läßt nicht ab von seinem Übermuth. Jetzt hat er sich vermessen, wenn er wolle, so könne er dem Herrn König einen Sohn durch die Lüfte herbei tragen lassen.‹ Der König ließ den Schneider rufen und sprach ›wenn du mir binnen neun Tagen einen Sohn bringen läßt, so sollst du meine älteste Tochter zur Frau haben.‹ ›Der Lohn ist freilich groß,‹ dachte das Schneiderlein, ›da thäte man wohl ein übriges, aber die Kirschen hängen mir zu hoch: wenn ich danach steige, so bricht unter mir der Ast, und ich falle herab.‹ Er gieng nach Haus, setzte sich mit unterschlagenen Beinen auf seinen Arbeitstisch und bedachte sich was zu thun wäre. ›Es geht nicht,‹ rief er endlich aus, ›ich will fort, hier kann ich doch nicht in Ruhe leben.‹ Er schnürte sein Bündel und eilte zum Thore hinaus. Als er auf die Wiesen kam, erblickte er seinen alten Freund, den Storch, der da, wie ein Weltweiser, auf und abgieng, zuweilen still stand, einen Frosch in nähere Betrachtung nahm und ihn endlich verschluckte. Der Storch kam heran und begrüßte ihn. ›Ich sehe,‹ hub er an, ›du hast deinen Ranzen auf dem Rücken, warum willst du die Stadt verlassen?‹ Der Schneider erzählte ihm was der König von ihm verlangt hatte und er nicht erfüllen konnte, und jammerte über sein Misgeschick. ›Laß dir darüber keine grauen Haare wachsen,‹ sagte der Storch, ›ich will dir aus der Noth helfen. Schon lange bringe ich die Wickelkinder in die Stadt, da kann ich auch einmal einen kleinen Prinzen aus dem Brunnen holen. Geh heim und verhalte dich ruhig. Heut über neun Tage begib dich in das königliche Schloß, da will ich kommen.‹ Das Schneiderlein

Die beiden Wanderer

gieng nach Haus und war zu rechter Zeit in dem Schloß. Nicht lange, so kam der Storch heran geflogen und klopfte ans Fenster. Der Schneider öffnete ihm, und Vetter Langbein stieg vorsichtig herein und gieng mit gravitätischen Schritten über den glatten Marmorboden; er hatte aber ein Kind im Schnabel, das schön wie ein Engel, und seine Händchen nach der Königin ausstreckte. Er legte es ihr auf den Schoß, und sie herzte und küßte es, und war vor Freude außer sich. Der Storch nahm, bevor er wieder wegflog, seine Reisetasche von der Schulter herab und überreichte sie der Königin. Es steckten Düten darin mit bunten Zuckererbsen, sie wurden unter die kleinen Prinzessinnen vertheilt. Die älteste aber erhielt nichts, sondern bekam den lustigen Schneider zum Mann. ›Es ist mir geradeso,‹ sprach der Schneider, ›als wenn ich das große Loos gewonnen hätte. Meine Mutter hatte doch recht, die sagte immer wer auf Gott vertraut und nur Glück hat, dem kanns nicht fehlen.‹

Der Schuster mußte die Schuhe machen, in welchen das Schneiderlein auf dem Hochzeitfest tanzte, hernach ward ihm befohlen die Stadt auf immer zu verlassen. Der Weg nach dem Wald führte ihn zu dem Galgen. Von Zorn, Wuth und der Hitze des Tages ermüdet, warf er sich nieder.

Märchen der Brüder Grimm

Als er die Augen zumachte und schlafen wollte, stürzten die beiden Krähen von den Köpfen der Gehenkten mit lautem Geschrei herab und hackten ihm die Augen aus. Unsinnig rannte er in den Wald und muß darin verschmachtet sein, denn es hat ihn niemand wieder gesehen oder etwas von ihm gehört.

Ferenand getrü
un Ferenand ungetrü

Et was mal en Mann un 'ne Fru west, de hadden so lange se rick wören kene Kinner, as se awerst arm woren, da kregen se en kleinen Jungen. Se kunnen awerst kenen Paen dato kregen, da segde de Mann, he wulle mal na den annern Ohre (Orte) gahn un tosehn ob he da enen krege. Wie he so gienk, begegnete ünn en armen Mann, de frog en wo he hünne wulle, he segde he wulle hünn un tosehn dat he 'n Paen kriegte, he sie arm, un da wulle ünn ken Minske to Gevaher stahn. ›O,‹ segde de arme Mann, ›gi sied arm, un ik sie arm, ik will guhe (euer) Gevaher weren; ik sie awerst so arm, ik kann dem Kinne nix giwen, gahet hen un segget de Bähmoer (Wehmutter) se sulle man mit den Kinne na der Kerken kummen.‹ Ase se nu tohaupe an der Kerken kummet, da is de Bettler schaun darinne, de givt dem Kinne den Namen *Ferenand getrü*.

Wie he nu ut der Kerken gahet, da segd de Bettler, ›nu gahet man na Hus, ik kann guh (euch) nix giwen un gi süllt mi ok nix giwen.‹ De Bähmoer awerst gav he 'n Schlüttel un segd er se mögt en, wenn se na Hus käme, dem Vaer giwen, de sull'n wahren, bis dat Kind vertein Johr old wöre, dann sull et up de heide gahn, da wöre 'n Schlott, dato paßte de Schlüttel, wat darin wöre, dat sulle em hören. Wie dat Kind nu sewen Johr alt wor, un düet (tüchtig) wassen wor, gienk et mal spilen mit annern Jungens, da hadde de eine noch mehr vom Paen kriegt, ase de annere, he awerst kunne nix seggen, un da grinde he un gienk nah Hus un segde tom Vaer ›hewe ik denn gar nix vom Paen kriegt?‹ ›O ja,‹ segde de Vaer, ›du hest en Schlüttel kriegt, wenn up de Heide 'n Schlott steit, so gah man hen un schlut et up.‹ Da gienk he hen, awerst et was kein Schlott to hören un to sehen. Wier na sewen Jahren, ase he vertein Johr old is, geit he nochmals hen, da steit en Schlott darup. Wie he et upschloten het, da is der nix enne, ase 'n Perd, 'n Schümmel. Da werd de Junge so vuller Früden dat he dat Perd hadde, dat he sik darup sett un to sinen Vaer jegd (jagt). ›Nu hew ik auck 'n Schümmel, nu will ik auck reisen‹ segd he.

Ferenand getrü un Ferenand ungetrü

Da treckt he weg, un wie he unnerweges is, ligd da 'ne Schriffedder up 'n Wegge, he will se eist (erst) upnümmen, da denkt he awerst wier bie sich ›o, du süst se auck liggen laten, du findst ja wul, wo du hen kümmst, 'ne Schriffedder, wenn du eine bruckest.‹ Wie he so weggeit, do roppt et hinner üm ›Ferenand getrü, nümm se mit.‹ He süt sik ümme, süt awerst keinen, da geit he wier torugge un nümmt se up. Wie he wier 'ne Wile rien (geritten) is, kümmt he bie 'n Water vorbie, so ligd da en Fisk am Oewer (Ufer) un snappet un happet na Luft; so segd he ›töv, min lewe Fisk, ik will die helpen, dat du in't Water kümmst,‹ un gript 'n bie'n Schwans un werpt 'n in't Water. Da steckt de Fisk den Kopp ut den Water und segd ›nu du mie ut den Koth holpen hest, will ik die 'ne Flötenpiepen giwen, wenn du in de Naud bist, so flöte derap, dann will ik die helpen, un wenn du mal wat in Water hest fallen laten, so flöte man, so will ik et die herut reicken.‹ Nu ritt he weg, da kümmt so 'n Minsk to üm, de frägt 'n wo he hen wull. ›O, na den neggsten Ohre.‹ Wu he dann heite? ›Ferenand getrü‹. ›Sü, da hewe wie ja fast den sülwigen Namen, ik heite *Ferenand ungetrü*.‹ Da trecket se beide na den neggsten Ohre in dat Wertshus.

Nu was et schlimm, dat de Ferenand ungetrü allet wuste wat 'n annerer dacht hadde un doen wulle; dat wust he döre so allerhand slimme Kunste. Et was awerst im Wertshuse so 'n wacker Mäken, dat hadde 'n schier (klares) Angesicht un drog sik so hübsch; dat verleiv sik in den Ferenand getrü, denn et was 'n hübschen Minschen west, un frog'n wo he hen to wulle. ›O, he wulle so herümmer reisen.‹ Da segd se so sull he doch nur da bliewen, et wöre hier to Lanne 'n Künig, de neime wull geren 'n Bedeenten oder 'n Vorrüter: dabie sulle he in Diensten gahn. He antworde he kunne nig gud so to einen hingahen un been sik an. Da segdt dat Mäken ›o, dat will ik dann schun dauen.‹ Un so gienk se auck stracks hen na den Künig un sehde ünn se wüste ünn 'n hübschen Bedeenten. Dat was de wol tofreen un leit 'n to sik kummen un wull n' tom Bedeenten macken. He wull awerst leewer Vorrüter sin, denn wo sin Perd wöre, da möst he auck sin; da mackt 'n de Künig tom Vorrüter. Wie düt de Ferenand ungetrü gewahr wore, da segd he to den Mäken ›töv, helpest du den an un mie nig?‹ ›O,‹ segd dat Mäken, ›ik will 'n auck anhelpen.‹ Se dachte ›den most du die tom Frünne wahren, denn he is nig to truen.‹ Se geit alse vorm Künig stahn un beed 'n als Bedeenten an; dat is de Künig tofreen.

Ferenand getrü un Ferenand ungetrü

Wenn he nu also det Morgens den Heren antrock, da jammerte de jümmer ›o wenn ik doch eist mine Leiveste bie mie hädde.‹ De Ferenand ungetrü was awerst dem Ferenand getrü jümmer uppsettsig, wie asso de Künig mal wier so jammerte, da segd he ›Sie haben ja den Vorreiter, den schicken Sie hin, der muß sie herbeischaffen, und wenn er es nicht thut, so muß ihm der Kopf vor die Füße gelegt werden.‹ Do leit de Künig den Ferenand getrü to sik kummen un sehde üm he hädde da un da 'ne Leiveste, de sull he ünn herschappen, wenn he dat nig deie, sull he sterwen.

De Ferenand getrü gienk in Stall to sinen Schümmel un grinde un jammerde. ›O wat sin ik 'n unglücksch Minschenkind.‹ Do röppet jeimes hinner üm ›Ferdinand getreu, was weinst du?‹ He süt sik um, süt awerst neimes, un jammerd jümmer fort ›o min lewe Schümmelken, nu mot ik die verlaten, nu mot ik sterwen.‹ Do röppet et wier ›Ferdinand getreu, was weinst du?‹ Do merket he eist dat dat sin Schümmelken dei, dat Fragen. ›Döst du dat, min Schümmelken, kannst du küren (reden)?‹ Un sagd wier ›ik sull da un da hen, un sull de Brut halen, west du nig wie ik dat wol anfange.‹ Do antwoord dat Schümmelken ›gah du na den Künig un segg wenn he die giwen wulle wat du hewen möstest, so wullest du se ünn schappen: wenn he die 'n Schipp vull Fleisk und 'n Schipp vull Brod giwen wulle, so sull et gelingen; da wöde grauten Riesen up den Water, wenn du denen ken Fleisk midde brächtes, so terreitn se die: un da wören de grauten Vüggel, de pickeden die de Ogen ut den Koppe, wenn du ken Brod vor se häddest.‹ Da lett de Künig alle Slächter im Lanne slachten un alle Becker backen, dat de Schippe vull werdt. Wie se vull sied, sagd dat Schümmelken tom Ferenand getrü ›nu gah man up mie sitten und treck mit mie in't Schipp, wenn dann de Riesen kümmet, so segg

›still, still, meine lieben Riesechen,
ich hab euch wohl bedacht,
ich hab euch was mitgebracht.‹

Un wenn de Vüggel kümmet, so seggst du wier

›still, still, meine lieben Vögelchen,
ich hab euch wohl bedacht,
ich hab euch was mitgebracht.‹

Dann doet sie die nix, un wenn du dann bie dat Schlott kümmst, dann helpet die de Riesen, dann gah up dat Schlott

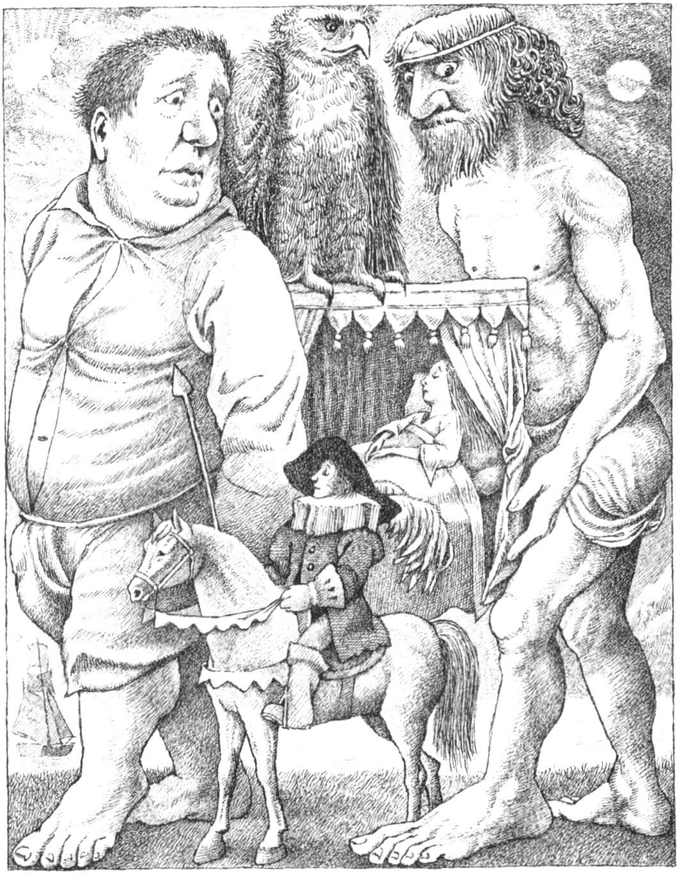

Ferenand getrü un Ferenand ungetrü

un nümm 'n Paar Riesen mit, da ligd de Prinzessin un schlöppet; du darfst se awerst nig upwecken, sonnern de Riesen mött se mit den Bedde upnümmen un in dat Schipp dregen.‹ Und da geschah nun alles, wie das Schimmelchen gesagt hatte, und den Riesen und den Vögeln gab der Ferenand getrü was er ihnen mitgebracht hatte, dafür wurden die Riesen willig und trugen die Prinzessin in ihrem Bett zum König. Un ase so tom Künig kümmet, segd se se künne nig liwen, se möste ere Schriften hewen, de wören up eren Schlotte liggen bliwen. Da werd de Ferenand getrü up Anstifften det Ferenand ungetrü roopen, un de Künig bedütt ünn he sulle de Schriften van dem Schlotte halen, süst sull he sterwen. Da geit he wier in Stall, und grind un segd ›o min lewe Schümmelken, nu sull ik noch 'n mal weg, wie süll wie dat macken?‹ Da segd de Schümmel se sullen dat Schipp man wier vull laen (laden). Da geht es wieder wie das vorigemal, und die Riesen und die Vögel werden von dem Fleisch gesättigt und besänftigt. Ase se bie dat Schlott kümmet, segd de Schümmel to ünn he sulle man herin gahn, in den Schlapzimmer der Prinzessin, up den Diske da lägen de Schriften. Da geit Ferenand getrü hün un langet se. Ase se up'n Water sind, da let he sine Schriffedder in't Water

Märchen der Brüder Grimm

fallen, da segd de Schümmel ›nu kann ik die awerst nig helpen.‹ Da fällt'n dat bie mit de Flötepiepen, he fänkt an to flöten, da kümmt de Fisk un het de Fedder im Mule un langet se'm hen. Nu bringet he de Schriften na dem Schlotte, wo de Hochtid hallen werd.

De Künigin mogte awerst den Künig nig lien, weil he keine Nese hadde, sonnern se mogte den Ferenand getrü geren lien. Wie nu mal alle Herens vom Hove tosammen sied, so segd de Königin, se könne auck Kunststücke macken, se künne einen den Kopp afhoggen un wier upsetten, et sull nur mant einer versöcken. Da wull awerst kener de eiste sien, da mott Ferenand getrü daran, wier up Anstifften von Ferenand ungetrü, den hogget se den Kopp af un sett'n ünn auck wier up, et is auck glick wier tau heilt, dat et ut sach ase hädde he 'n roen Faen (Faden) üm 'n Hals. Da segd de Künig to ehr ›mein Kind, wo hast du denn das gelernt?‹ ›Ja,‹ segd se, ›die Kunst versteh ich, soll ich es an dir auch einmal versuchen?‹ ›O ja‹ segd he. Do hogget se en awerst den Kopp af un sett'n en nig wier upp, se doet as ob se'n nig darup kriegen künne, un as ob he nig fest sitten wulle. Da werd de Künig begrawen, se awerst frigget den Ferenand getrü.

Ferenand getrü un Ferenand ungetrü

He ride awerst jümmer sinen Schümmel, un ase he mal darup sat, da segd he to em he sulle mal up 'ne annere Heide de he em wist, trecken un da dreimal mit em herumme jagen. Wie he dat dahen hadde, da geit de Schümmel up de Hinner beine stahn un verwannelt sik in 'n Künigssuhn.

Frau Trude

Es war einmal ein kleines Mädchen, das war eigensinnig und vorwitzig, und wenn ihm seine Eltern etwas sagten, so gehorchte es nicht: wie konnte es dem gut gehen? Eines Tages sagte es zu seinen Eltern ›ich habe so viel von der Frau Trude gehört, ich will einmal zu ihr hingehen: die Leute sagen es sehe so wunderlich bei ihr aus und erzählen es seien so seltsame Dinge in ihrem Hause, da bin ich ganz neugierig geworden.‹ Die Eltern verboten es ihr streng und sagten ›die Frau Trude ist eine böse Frau, die gottlose Dinge treibt, und wenn du zu ihr hingehst, so bist du unser Kind nicht mehr.‹ Aber das Mädchen kehrte sich nicht an das Verbot seiner Eltern und gieng doch zu der Frau Trude. Und als es zu ihr kam, fragte die Frau Trude ›warum bist du so bleich?‹ ›Ach,‹ antwortete es, und zitterte am Leibe, ›ich habe mich so erschrocken über das was ich gesehen habe.‹ ›Was hast du

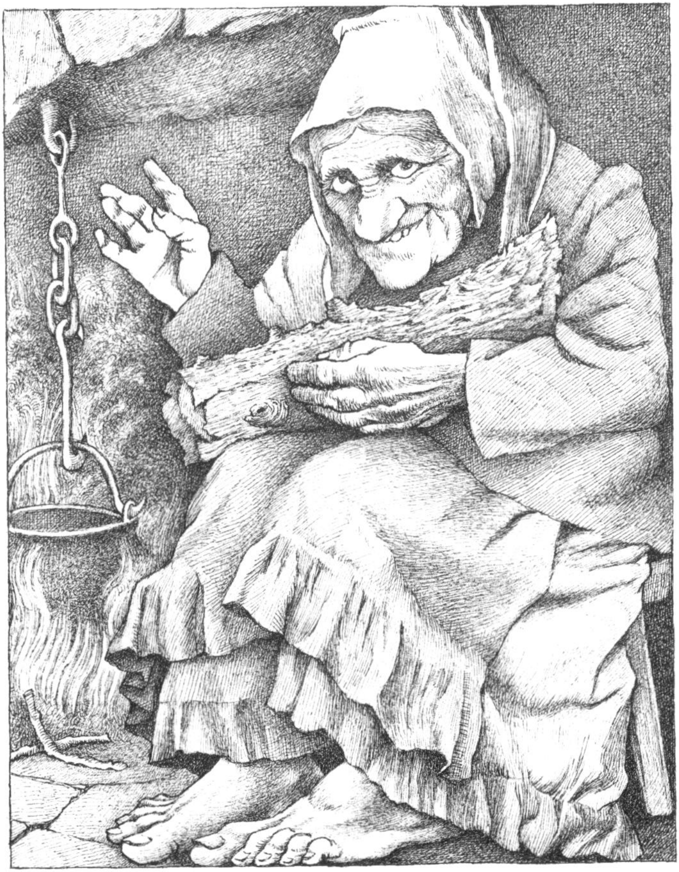

Frau Trude

gesehen?‹ ›Ich sah auf eurer Stiege einen schwarzen Mann.‹ ›Das war ein Köhler.‹ ›Dann sah ich einen grünen Mann.‹ ›Das war ein Jäger.‹ ›Danach sah ich einen blutrothen Mann.‹ ›Das war ein Metzger.‹ ›Ach, Frau Trude, mir grauste, ich sah durchs Fenster und sah Euch nicht, wohl aber den Teufel mit feurigem Kopf.‹ ›Oho,‹ sagte sie, ›so hast du die Hexe in ihrem rechten Schmuck gesehen: ich habe schon lange auf dich gewartet und nach dir verlangt, du sollst mir leuchten.‹ Da verwandelte sie das Mädchen in einen Holzblock und warf ihn ins Feuer. Und als er in voller Glut war, setzte sie sich daneben, wärmte sich und sprach ›das leuchtet einmal hell!‹

Von dem Machandelboom

Dat is nu all lang heer, wol twe dusend Johr, do wöör dar en ryk Mann, de hadd ene schöne frame Fru, un se hadden sik beyde sehr leef, hadden awerst kene Kinner, se wünschden sik awerst sehr welke, un de Fru bedd'd so veel dorüm Dag un Nacht, man se kregen keen un kregen keen. Vör erem Huse wöör en Hof, dorup stünn en Machandelboom, ünner dem stünn de Fru eens im Winter un schelld sik enen Appel, un as se sik den Appel so schelld, so sneet se sik in'n Finger und dat Blood feel in den Snee. ›Ach,‹ säd de Fru, un süft'd so recht hoog up, un seg dat Blood vör sik an, un wöör so recht wehmödig, ›hadd ik doch en Kind, so rood as Blood un so witt as Snee.‹ Un as se dat säd, so wurr ehr so recht fröhlich to Mode: ehr wöör recht, as schull dat wat warden. Do güng se to dem Huse, un't güng een Maand hen, de Snee vorgüng: un twe Maand, do wör dat gröön:

Von dem Machandelboom

un dre Maand, do kömen de Blömer uut der Eerd: un veer Maand, do drungen sik alle Bömer in dat Holt, un de grönen Twyge wören all in eenanner wussen: door süngen de Vögelkens dat dat ganße Holt schalld, un de Blöiten felen von den Bömern: do wöör de fofte Maand wech, un se stünn ünner dem Machandelboom, de röök so schön, do sprüng ehr dat Hart vör Freuden, un se füll up ere Knee un kunn sik nich laten: un as de soste Maand vorby wöör, do wurren de Früchte dick un staark, do wurr se ganß still: un de söwde Maand, do greep se na den Machandelbeeren un eet se so nydsch, do wurr se trurig un krank: do güng de achte Maand hen, un se reep eren Mann un weend un säd ›wenn ik staarw, so begraaf my ünner den Machandelboom.‹ Do wurr se ganß getrost, un freude sik, bet de neegte Maand vorby wöör, do kreeg se en Kind so witt as Snee un so rood as Blood, un as se dat seeg, so freude se sik so, dat se stürw.

Do begroof ehr Mann se ünner den Machandelboom, un he füng an to wenen so sehr: ene Tyd lang, do wurr dat wat sachter, un do he noch wat weend hadd, do hüll he up, un noch en Tyd, do nöhm he sik wedder ene Fru.

Mit de tweden Fru kreeg he ene Dochter, dat Kind awerst von der eersten Fru wöör en lüttje Sähn, un wöör so rood as Blood un so witt as Snee. Wenn de Fru ere Dochter so anseeg, so hadd se se so leef, awerst denn seeg se den lüttjen Jung an, un dat güng ehr so dorch't Hart, un ehr düchd as stünn he ehr allerwegen im Weg, un dachd denn man jümmer wo se ehr Dochter all das Vörmägent towenden wull, un de Böse gaf ehr dat in, dat se dem lüttjen Jung ganß gramm wurr un stödd em herüm von een Eck in de anner, un buffd em hier und knuffd em door, so dat dat aarme Kind jümmer in Angst wöör. Wenn he denn uut de School köhm, so hadd he kene ruhige Städ.

Eens wöör de Fru up de Kamer gaan, do köhm de lüttje Dochter ook herup un säd ›Moder, gif my enen Appel.‹ ›Ja, myn Kind‹ säd de Fru un gaf ehr enen schönen Appel uut der Kist; de Kist awerst hadd enen grooten sworen Deckel mit en groot schaarp ysern Slott. ›Moder,‹ säd de lüttje Dochter, ›schall Broder nich ook enen hebben?‹ Dat vördrööt de Fru, doch säd se ›ja, wenn he uut de School kummt.‹ Un as se uut dat Fenster wohr wurr dat he köhm, so wöör dat recht, as wenn de Böse äwer ehr köhm, un se grappst to un nöhm erer Dochter den Appel wedder wech un säd ›du schalst nich ehr enen hebben as Broder.‹ Do smeet se den Appel in de Kist un maakd de Kist to: do köhm de

Von dem Machandelboom

lüttje Jung in de Döhr, do gaf ehr de Böse in dat se fründlich to em säd ›myn Sähn, wullt du enen Appel hebben?‹ un seeg em so hastig an. ›Moder,‹ säd de lüttje Jung, ›wat sühst du gräsig uut! ja, gif my enen Appel.‹ Do wöör ehr as schull se em toreden. ›Kumm mit my,‹ säd se un maakd den Deckel up, ›hahl dy enen Appel heruut.‹ Un as sik de lüttje Jung henin bückd, so reet ehr de Böse, bratsch! slöög se den Deckel to dat de Kopp afflöög un ünner de roden Appel füll. Da äwerleep ehr dat in de Angst, un dachd ›kunn ik dat von my bringen!‹ Da güng se bawen na ere Stuw na erem Draagkasten un hahl' uut de bäwelste Schuuflad enen witten Dook, un sett't den Kopp wedder up den Hals un bünd den Halsdook so üm, dat'n niks sehn kunn, un sett't em vör de Döhr up enen Stohl un gaf em den Appel in de Hand.

Do köhm doorna Marleenken to erer Moder in de Kääk de stünn by dem Führ un hadd enen Putt mit heet Water vör sik, den röhrd se jümmer üm. ›Moder,‹ säd Marleenken, ›Broder sitt vör de Döhr un süht ganß witt uut un hett enen Appel in de Hand, ik heb em beden he schull my den Appel gewen, awerst he antwöörd my nich, do wurr my ganß grolich.‹ ›Gah nochmaal hen,‹ säd de Moder, ›un wenn he dy nich antworden will, so gif em eens an de Oren.‹ Do güng Marleenken hen un säd, ›Broder, gif my den Appel.‹ Awerst he sweeg still, do gaf se em eens up de Oren, do feel de Kopp herünn, doräwer vörschrock se sik un füng an to wenen un to roren, un löp to erer Moder un säd ›ach, Moder, ik hebb mynem Broder den Kopp afslagen,‹ un weend un weend un wull sik nich tofreden gewen. ›Marleenken,‹ säd de Moder, ›wat hest du dahn! awerst swyg man still, dat et keen Mensch maarkt, dat is nu doch nich to ännern; wy willen em in Suhr kaken.‹ Do nöhm de Moder den lüttjen Jung un hackd em in Stücken, ded de in den Putt un kaakd em in Suhr. Marleenken awerst stünn daarby un weend un weend, un de Tranen füllen all in den Putt un se bruukden goor keen Solt.

Da köhm de Vader to Huus un sett't sik to Disch un säd ›wo is denn myn Sähn?‹ Da droog de Moder ene groote groote Schöttel up mit Swartsuhr, un Marleeken weend un kunn sich nich hollen. Do säd der Vader wedder ›wo is denn myn Sähn?‹ ›Ach,‹ säd de Moder, ›he is äwer Land gaan, na Mütten erer Grootöhm: he wull door wat blywen.‹ ›Wat dait he denn door? un heft my nich maal Adjüüs sechd!‹ ›O he wull geern hen un bed my of he door wol sos Wäken

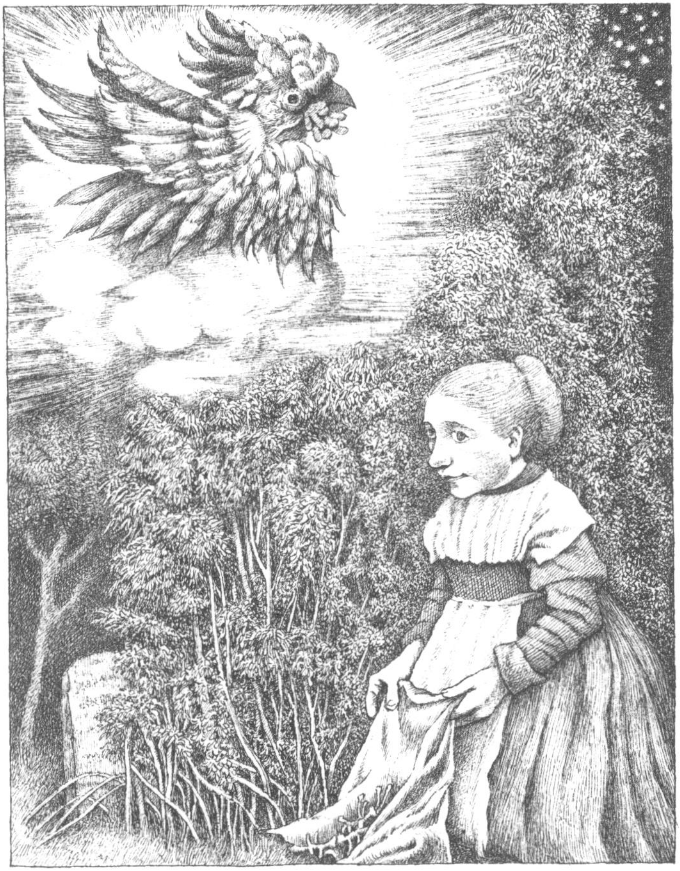

Von dem Machandelboom

blywen kunn; he is jo woll door uphawen.‹ ›Ach,‹ säd de Mann, ›my is so recht trurig dat is doch nicht recht, he hadd my doch Adjüüs sagen schullt.‹ Mit des füng he an to äten un säd ›Marleenken, wat weenst du? Broder wart wol wedder kamen.‹ ›Ach, Fru,‹ säd he do, ›wat smeckt my dat Äten schöön? gif my mehr!‹ Un je mehr he eet, je mehr wull he hebben, un säd ›geeft my mehr, gy schöhlt niks door af hebben, dat is as wenn dat all myn wör.‹ Un he eet un eet, un de Knakens smeet he all ünner den Disch, bet he allens up hadd. Marleenken awerst güng hen na ere Commod un nöhm ut de ünnerste Schuuf eren besten syden Dook, un hahl all de Beenkens un Knakens ünner den Disch heruut un bünd se in den syden Dook un droog se vör de Döhr un weend ere blödigen Tranen. Door läd se se ünner den Machandelboom in dat gröne Gras, un as se se door henlechd hadd', so war ehr mit eenmal so recht licht, un weend nich mer. Do füng de Machandelboom an sik to bewegen, un de Twyge deden sik jümmer so recht von eenanner, un denn wedder tohoop, so recht as wenn sik eener so recht freut un mit de Händ so dait. Mit des so güng dar so'n Newel von dem Boom un recht in dem Newel dar brennd dat as Führ, un uut dem Führ dar flöög so'n schönen

Märchen der Brüder Grimm

Vagel heruut, de süng so herrlich und flöög hoog in de Luft, un as he wech wöör, do wöör de Machandelboom as he vörhen west wöör, un de Door mit de Knakens wöör wech. Marleenken awerst wöör so recht licht un vörgnöögt, recht as wenn de Broder noch leewd. Do güng se wedder ganß lustig in dat Huus by Disch un eet.

De Vagel awerst flöög wech un sett't sik up enen Goldsmidt syn Huus un füng an to singen

>›mein Mutter der mich schlacht,
>mein Vater der mich aß,
>mein Schwester der Marlenichen
>sucht alle meine Benichen,
>bind't sie in ein seiden Tuch,
>legt's unter den Machandelbaum.
>Kywitt, kywitt, wat vör'n schöön Vagel bün ik!‹

De Goldsmidt seet in syn Waarkstäd un maakd ene gollne Kede, do höörd he den Vagel, de up syn Dack seet un süng, un dat dünkd em so schöön. Da stünn he up, un as he äwer den Süll güng, do vörlöör he eenen Tüffel. He güng awer so recht midden up de Strat hen, eenen Tüffel un een Sock an: syn Schortfell hadd he vör, un in de een Hand hadd he

Von dem Machandelboom

de golln Kede un in de anner de Tang; un de Sünn schynd so hell up de Strat. Door güng he recht so staan un seeg den Vagel an. ›Vagel,‹ secht he do, ›wo schöön kanst du singen! Sing my dat Stück nochmaal.‹ ›Ne,‹ secht de Vagel, ›twemaal sing ik nich umsünst. Gif my de golln Kede, so will ik dy't nochmaal singen.‹ ›Door,‹ secht de Goldsmidt, ›hest du de golln Kede, nu sing my dat nochmaal.‹ Do köhm de Vagel un nöhm de golln Kede so in de rechte Poot, un güng vor den Goldsmidt sitten un süng

›mein Mutter der mich schlacht,
mein Vater der mich aß,
mein Schwester der Marlenichen
sucht alle meine Benichen,
bindt sie in ein seiden Tuch,
legts unter den Machandelbaum.
Kywitt, kywitt, was vör'n schöön Vagel bün ik!‹

Do flög de Vagel wach na enem Schooster, un sett't sik up den syn Dack un süng

›mein Mutter der mich schlacht,
mein Vater der mich aß,

mein Schwester der Marlenichen
sucht alle meine Benichen,
bindet sie in ein seiden Tuch,
legts unter den Machandelbaum.
Kywitt, kywitt, wat vör'n schöön Vagel bün ik!‹

De Schooster höörd dat un leep vör syn Döhr in Hemdsaarmels, un seeg na syn Dack un mussd de Hand vör de Ogen hollen, dat de Sünn em nich blend't. ›Vagel,‹ secht he, ›wat kannst du schöön singen.‹ Do rööp he in syn Döhr henin ›Fru, kumm mal heruut, dar is een Vagel: süh mal den Vagel, de kann maal schöön singen.‹ Do rööp he syn Dochter un Kinner un Gesellen, Jung un Maagd, un se kömen all up de Strat un seegen den Vagel an wo schöön he wöör, un he hadd so recht rode un gröne Feddern, un üm den Hals wöör dat as luter Gold, un de Ogen blünken em im Koop as Steern. ›Vagel,‹ sägd de Schooster, ›nu sing my dat Stück nochmaal.‹ ›Ne,‹ secht de Vagel, ›twemaal sing ik nich umsünst, du must my wat schenken.‹ ›Fru,‹ säd de Mann, ›gah na dem Bähn: up dem bäwelsten Boord door staan een Poor rode Schö, de bring herünn.‹ Do güng de Fru hen un hahl de Schö. ›Door, Vagel,‹ säd de Mann, ›nu sing my dat

Von dem Machandelboom

Stück nochmaal.‹ Do köhm de Vagel un nöhm de Schö in de linke Klau, un flöög wedder up dat Dack un süng

›mein Mutter der mich schlacht,
mein Vater der mich aß,
mein Schwester der Marlenichen
sucht alle meine Benichen
bindet sie in ein seiden Tuch,
legts unter den Machandelbaum.
Kywitt, kywitt, wat vör'n schöön Vogel bün ik!‹

Un as he uutsungen hadd, so flöög he wech: de Kede hadd he in de rechte un de Schö in de linke Klau, un he flöög wyt wech na ene Mähl, un de Mähl güng ›klippe klappe, klippe klappe, klippe klappe.‹ Un in de Mähl door seeten twintig Mählenburßen, de hauden enen Steen un hackden ›hick hack, hick hack, hick hack,‹ un de Mähl güng ›klippe klappe, klippe klappe, klippe klappe.‹ Do güng de Vagel up enen Lindenboom sitten, de vör de Mähl stünn und süng

›mein Mutter der mich schlacht,‹

do höörd een up,

›mein Vater der mich aß,‹

do höörden noch twee up un höörden dat,

    ›mein Schwester der Marlenichen‹

do höörden wedder veer up,

    ›sucht alle meine Benichen,
      bindet sie in ein seiden Tuch,‹

nu hackden noch man acht,

    ›legts unter‹

nu noch man fyw,

    ›den Machandelbaum.‹

nu noch man een.

    ›Kywitt, kywitt, wat vör'n schöön Vagel bün ik!‹

Do hüll de lezte ook up un hadd dat lezte noch höörd. ›Vagel,‹ secht he, ›wat singst du schöön! laat my dat ook hören, sing my dat nochmaal.‹ ›Ne,‹ secht de Vagel, ›twemaal sing ik nich umsünst, gif my den Mählensteen, so will ik dat nochmaal singen.‹ ›Ja,‹ secht he, ›wenn he my alleen tohöörd, so schullst du em hebben.‹ ›Ja,‹ säden de annern, ›wenn he nochmaal singt, so schall he em hebben.‹ Do

Von dem Machandelboom

köhm de Vagel herünn, un de Möllers saat'n all twintig mit Böhm an un böhrden Steen up, ›hu uh uhp, hu uh uhp, hu uh uhp!‹ Do stöök de Vagel den Hals döör dat Lock un nöhm em üm as enen Kragen, un flöög wedder up den Boom un süng

> ›mein Mutter der mich schlacht,
> mein Vater der mich aß,
> mein Schwester der Marlenichen
> sucht alle meine Benichen,
> bindt sie in ein seiden Tuch,
> legts unter den Machandelbaum.
> Kywitt, kywitt, wat vör'n schöön Vagel bün ik!‹

Un as he dat uutsungen hadd, do deed he de Flünk von eenanner, un hadd in de rechte Klau de Kede un in de linke de Schö un üm den Hals den Mählensteen, un floog wyt wech na synes Vaders Huse.

In de Stuw seet de Vader, de Moder un Marleenken by Disch, un de Vader säd ›ach, wat waart my licht, my is recht so good to Mode.‹ ›Nä,‹ säd de Moder, ›my is recht so angst, so recht as wenn en swoor Gewitter kummt.‹ Marleenken awerst seet un weend un weend, da köhm de

Vagel anflegen, un as he sik up dat Dack sett't, ›ach,‹ säd de Vader, ›my is so recht freudig un de Sünn schynt buten so schöön, my is recht, as schull ik enen olen Bekannten weddersehn.‹ ›Ne,‹ säd de Fru, ›my is so angst, de Täne klappern my, un dat is my as Führ in den Adern.‹ Un se reet sik ehr Lyfken up un so mehr, awer Marleenken seet in en Eck un weend, un hadd eren Platen vör de Ogen, un weend den Platen ganß meßnatt. Do sett't sik de Vagel up den Machandelboom un süng

›mein Mutter der mich schlacht,‹

Do hüll de Moder de Oren to un kneep de Ogen to, un wull nich sehn un hören, awer dat bruusde ehr in de Oren as de allerstaarkste Storm, un de Ogen brennden ehr un zackden as Blitz.

›mein Vater der mich aß,‹

›Ach, Moder,‹ secht de Mann, ›door is en schöön Vagel, de singt so herrlich, de Sünn schynt so warm, un dat rückt als luter Zinnemamen.‹

›mein Schwester der Marlenichen‹

Von dem Machandelboom

Do läd Marleenken den Kopp up de Knee un weend in eens wech, de Mann awerst säd ›ik ga henuut, ik mutt den Vagel dicht by sehn.‹ ›Ach, gah nich,‹ säd de Fru, ›my is as beewd dat ganße Huus un stünn in Flammen.‹ Awerst de Mann güng henuut un seeg den Vagel an

>›sucht alle meine Benichen,
>bindt sie in ein seiden Tuch,
>legts unter den Machandelbaum.
>Kywitt, kywitt, wat vör'n schöön Vagel bün ik!‹

Mit des leet de Vagel de gollne Kede fallen, un se feel dem Mann jüst um'n Hals, so recht hier herüm, dat se recht so schön passd. Do güng he herin un säd ›süh, wat is dat vör'n schöön Vagel, heft my so 'ne schöne gollne Kede schenkd, un süht so schöön uut.‹ De Fru awerst wöör so angst, un füll langs in de Stuw hen, un de Mütz füll ehr von dem Kopp. Do süng de Vagel wedder

>›mein Mutter der mich schlacht,‹

›Ach, dat ik dusend Föder ünner de Eeerd wöör, dat ik dat nich hören schull!‹

>›mein Vater der mich aß,‹

Do füll de Fru vör dood nedder.

›mein Schwester der Marlenichen‹

›Ach,‹ säd Marleenken, ›ik will ook henuut gahn un sehn of de Vagel my wat schenkt?‹ Do güng se henuut.

›sucht alle meine Benichen,
bindt sie in ein seiden Tuch,‹

Do smeet he ehr de Schöh herünn.

›legts unter den Machandelbaum.
Kywitt, kywitt, wat vör'n schöön Vagel bün ik!‹

Do wöör ehr so licht un frölich. Do truck se de neen roden Schö an, un danßd un sprüng herin. ›Ach,‹ säd se, ›ick wöör so trurig, as ik henuut güng, un nu is my so licht, dat is maal en herrlichen Vagel, hett my en Poor rode Schö schenkd.‹ ›Ne,‹ säd de Fru un sprüng up, un de Hoor stünnen ehr to Baarg as Führsflammen, ›my is as schull de Welt ünnergahn, ik will ook henuut, of my lichter warden schull.‹ Un as se uut de Döhr köhm, bratsch! smeet ehr de Vagel den Mählensteen up den Kopp, dat se ganß tomatscht wurr. De Vader un Marleenken höörden dat un güngen henuut: do

Von dem Machandelboom

güng en Damp un Flamm un Führ up von der Städ, un as dat vorby wöör, so stünn de lütje Broder door, un he nöhm synen Vader un Marleenken by der Hand, un wören all dre so recht vergnöögt un güngen in dat Huus by Disch, un eeten.

*Märchen
der Brüder Grimm
im Diogenes Verlag*

―――

König Drosselbart
*Zeichnungen
von MAURICE SENDAK
Diogenes Kinder Klassiker*

Rotkäppchen
*Zeichnungen
von EDWARD GOREY
Diogenes Kinder Klassiker*

Das Tomi Ungerer
Märchenbuch
*Märchen der Brüder Grimm,
von Hans Christian Andersen
und anderen
und ›Rotkäppchen‹, neu erzählt.*